ZVLÁDNĚTE UMĚNÍ VAŘENÍ TĚSTOVIN NA PÁNVI

100 báječných těstovinových jídel, jedna pánev, žádný problém

DANIEL PAVLICA

Materiál chráněný autorským právem ©2023

Všechna práva vyhrazena

Žádná část této knihy nesmí být použita nebo přenášena v jakékoli formě nebo jakýmikoli prostředky bez řádného písemného souhlasu vydavatele a vlastníka autorských práv, s výjimkou krátkých citací použitých v recenzi. Tato kniha by neměla být považována za náhradu lékařských, právních nebo jiných odborných rad.

OBSAH

OBSAH 3
ÚVOD 7
FUSILI TĚSTOVINY 8
  1. Pikantní vegetariánské těstoviny zapečené 9
  2. Česnekovo-houbové Fusilli s hruškovým salátem 11
  3. Grilovaný zeleninový těstovinový salát Fusilli 13
  4. Omáčkový salát Cheddar Fusilli 15
  5. Zapečené těstoviny Crimini 17
  6. Fusilli se sušenými rajčaty 19
  7. Mleté hovězí maso a těstoviny z jedné pánve 21
  8. Kuřecí Fusilli z jednoho hrnce 23
  9. Kuřecí a zeleninové Fusilli v jednom hrnci 25
TĚSTOVINY PENNE 27
  10. Citronové kuřecí těstoviny Penne 28
  11. Třísýrová masová koule Mostaccioli 30
  12. Těstoviny s uzeným lososem 32
  13. Penne alla vodka 34
  14. Oříškové kuřecí těstoviny 36
  15. Penne Beef Bake 38
  16. Sýrové kuřecí krémové těstoviny 40
  17. Zapečené penne s krůtími masovými kuličkami 42
  18. Klasické těstoviny Penne 44
ROTINI TĚSTOVINY 46
  19. Těstovinový salát s krevetami a cherry rajčátky 47
  20. Těstoviny s čerstvým citronem 50
  21. Sýrový salát Pepperoni Rotini 52
  22. Krémové rajčatové těstoviny Rotini v jednom hrnci .. 54
  23. Pikantní hovězí Rotini v jednom hrnci 56
  24. Kuřecí a brokolicové rotini v jednom hrnci 58
  25. Rotini na jedné pánvi s rajčatovou smetanovou omáčkou 60
  26. Parmazánová pánev Rotini 62
  27. Kuřecí Rotini na jedné pánvi 64
JUMBO SHELLS 66
  28. Italská klobása plněná skořápkami 67
  29. Špenátové a třísýrové plněné skořápky 70

30. Dekadentní skořápky plněné špenátem 72
31. Česnekem plněné skořápky z těstovin Jumbo 74
32. Skořápky těstovin plněné varnou deskou 77
33. Vegetariánské pánve plněné skořápkami 79
34. Skořápky z těstovin plněné tacosem 82
35. Letní plněné mušle 84

LINGUINOVÉ TĚSTOVINY 87
36. Těstovinový salát Romano Linguine 88
37. Citronové ricottové těstoviny s cizrnou 90
38. Krevety Carbonara 93
39. Linguine and Clam Sauce 96

ANDĚLSKÉ VLASOVÉ TĚSTOVINY 98
40. Těstoviny na jednu pánev 99
41. Pečeme krevet z andělských vlasů 101
42. Pánev na krevety 103

GNOCCHI 105
43. Smetanové kuře a gnocchi na jedné pánvi 106
44. Gnocchi s bylinkovým pestem 108
45. Noky ze šalvěje a mascarpone 110

FETTUCINI 113
46. Klasický Alfredo 114
47. Zapečené těstoviny Crimini 116
48. Česnekové parmazánové těstoviny v jednom hrnci 118
49. Kuřecí slanina Fettuccine Alfredo 120
50. Houbové fettuccine 122

TĚSTOVINY RIGATONI 124
51. Romano Rigatoni Kastrol 125
52. Veganská bazalka Rigatoni 127

LOKETNÍ MAKARONKY 129
53. BLT těstovinový salát 130
54. Špenát a artyčok mac-and-cheese 132
55. Chilli Mac Kastrol 134

ZITI TĚSTOVINY 136
56. Pečená Ziti 137
57. Provolone Ziti Pečeme 139
58. Hovězí Ziti kastrol 141
59. Pečená Ziti 143

60. Ziti klobásu pečeme 145

Špagetové těstoviny 147
61. Krevetové pesto s těstovinami 148
62. Těstoviny s tuňákem 150
63. Sunny Hot Spaghetti 152
64. Boloňské špagety pečeme 154
65. Hřebenatky se špagetami 156
66. Sunny Hot Spaghetti 158
67. Kuřecí Tetrazzini 160
68. Pečené rigatoni a karbanátky 162
69. Rychlá pánev na špagety 164
70. Snadné špagety 166
71. Krevety Lo Mein 168
72. Kuřecí Tetrazzini 170
73. Pánev na těstoviny 172
74. Kuřecí těstoviny na pánvi 174
75. Těstoviny alla Norma Pečeme na pánvi 177
76. Ziti a špagety s klobásou 180

TĚSTOVINY BUCATINI 182
77. Bucatini na jedné pánvi s pórkem a citronem ... 183
78. Rajčatové těstoviny Burrata 185
79. Citronově bazalkové těstoviny s růžičkovou kapustou ... 187
80. Smetanové kukuřičné bucatini z jednoho hrnce ... 189

ORZO 191
81. Parmazán Orzo 192
82. Mátový salát Feta a Orzo 194
83. Rajčatové Orzo z jednoho hrnce 196
84. Kuřecí Orzo pánev 198
85. Orzo a Portobello Kastrol 200
86. Orzo na jedné pánvi se špenátem a fetou 202

FARFALLE/Motýlek 204
87. Pasta Rustica 205
88. Crème Fraiche kuřecí těstoviny 207
89. Kuřecí maso a salát Farfalle 209
90. Makaronový salát z mořských plodů 211
91. Těstoviny s máslem a mangoldem pečeme 213

LASAGNA 215

92. Španělské lasagne 216
93. Dýňové a šalvějové lasagne s fontinou 218
94. Lasagne z naložených těstovinových skořápek 221
95. Kuřecí lasagne 223
96. Jihozápadní lasagne 225
97. Klasické lasagne 227
98. Omáčkové lasagne 229
99. Ratatouille lasagne 231
100. Lasagne s feferonkami 234
101. Pomalý hrnec Lasagne 236

ZÁVĚR **238**

ÚVOD

Vítejte na "Zvládněte umění vaření těstovin na pánvi", kulinářské cestě, která změní váš zážitek z vaření, zjednoduší, pohodlněji a bez starostí. Těstovinová jídla z jedné pánve se staly oblíbeným trendem ve světě vaření a v této kuchařce vás zveme, abyste zvládli umění vytvářet báječná těstovinová jídla pouze s jednou pánví.

Naše cesta vařením těstovin na jedné pánvi vás seznámí s elegancí jednoduchosti. Ať už jste ostřílený domácí kuchař nebo nováček v kuchyni, tato kniha je vaším průvodcem, jak vytvořit 100 lahodných těstovinových pokrmů s minimálním čištěním a maximální chutí. Prozkoumáme techniky, přísady a metody, díky kterým je vaření těstovin na jedné pánvi kulinářskou revolucí.

Když se pustíme do tohoto bezproblémového dobrodružství, připravte se na odhalení tajemství zvládnutí těstovin z jedné pánve. Od klasických italských oblíbených po inovativní a kreativní recepty, objevíte radost z vaření s lehkostí a zároveň si pochutnáte na lahodných těstovinových pokrmech. Pojďme se ponořit do "Zvládněte umění vaření těstovin na pánvi" a zjednodušit si kulinářský zážitek, jednu pánev po druhé.

TĚSTOVINY FUSILI

1. Pikantní vegetariánské těstoviny zapečené

Vyrábí: 6 porcí

SLOŽENÍ:
- 3 šálky nevařených spirálových těstovin jako fusili
- 1 středně žlutá letní tykev
- 1 malá cuketa
- 1 středně sladká červená paprika
- 1 středně zelený pepř
- 1 lžíce olivového oleje
- 1 malá červená cibule, rozpůlená a nakrájená
- 1 šálek nakrájených čerstvých hub
- 1/2 lžičky soli
- 1/4 lžičky pepře
- 1/4 lžičky drcených vloček červené papriky
- 1 sklenice (24 uncí) pikantní marinara omáčka
- 8 uncí čerstvých perliček mozzarelly
- Strouhaný parmazán a julienned čerstvá bazalka, volitelné

INSTRUKCE:
a) Předehřejte troubu na 375°. Těstoviny uvařte podle návodu na obalu al dente; vypustit.
b) Dýni a papriky nakrájíme na 1/4 palce. proužky julienne. Ve 12 palcích. litinové nebo jiné pečicí pánev, rozehřejte olej na středně vysokou teplotu. Přidejte cibuli, houby a julienned zeleninu; vařte a míchejte, dokud nebude křupavá, 5–7 minut.
c) Vmíchejte koření. Přidejte omáčku marinara a těstoviny; hodit kombinovat. Navrch dejte sýrové perličky.
d) Přeneste do trouby; pečeme odkryté, dokud se sýr nerozpustí, 10-15 minut. Pokud chcete, před podáváním posypte parmazánem a bazalkou.

2.Česnekovo-houbové Fusilli s hruškovým salátem

Vyrábí: 2

SLOŽENÍ:
- 1 hnědá cibule
- 2 stroužky česneku
- 1 balíček nakrájených hub
- 1 sáček česnekového a bylinkového koření
- 1 balíček lehké smetany na vaření (obsahuje mléko)
- 1 sáček kuřecího vývaru v prášku
- 1 balíček fusilli (obsahuje lepek; může být přítomno: vejce, sója)
- 1 hruška
- 1 sáček míchaných salátových listů
- 1 balíček parmazánu (obsahuje mléko)
- Olivový olej
- 1,75 šálků vroucí vody
- kapka octa (balsamico nebo bílé víno)

INSTRUKCE:
a) Uvařte konvici. Hnědou cibuli a česnek nakrájíme nadrobno. Rozehřejte velkou pánev na středně vysokou teplotu s vydatnou kapkou olivového oleje. Nakrájené houby a cibuli za občasného promíchání vařte, dokud nezměknou, což trvá asi 6–8 minut. Přidejte česnek, česnek a bylinkové koření a vařte, dokud nebude voňavý asi 1 minutu.
b) Přidejte světlou smetanu na vaření, vroucí vodu (1 3/4 šálku pro 2 osoby), prášek z kuřecího vývaru a fusilli. Míchejte, aby se spojily a přiveďte k varu. Snižte teplotu na střední, přikryjte pokličkou a za občasného míchání vařte, dokud těstoviny nejsou „al dente", což trvá asi 11 minut. Promícháme nastrouhaným parmazánem a dochutíme solí a pepřem.
c) Zatímco se těstoviny vaří, nakrájejte na tenké plátky hrušku. Do střední mísy přidejte kapku octa a olivového oleje. Zálivku přelijte rozmixovanými listy salátu a hruškou. Okořeníme a promícháme.
d) Rozdělte krémové houbové fusilli z jednoho hrnce mezi misky. Podáváme s hruškovým salátem. Užijte si lahodné jídlo!

3. Těstovinový salát z grilované zeleniny Fusilli

Dělá: 8-10
SLOŽENÍ:
TĚSTOVINOVÝ SALÁT
- 1 libra fusilli
- 2 šálky na kostičky nakrájené grilované červené a žluté papriky
- 2 šálky rozpůlených cherry rajčat
- 2 šálky nakrájené grilované cibule
- 2 šálky vinaigrettu z červeného vína

VINAIGRETTE Z ČERVENÉHO VÍNA
- 1 šálek extra panenského olivového oleje
- ⅓ červeného vinného octa
- 2 lžíce vody
- 4 stroužky česneku, jemně nastrouhané
- 2 lžičky dijonské hořčice
- 2 lžičky sušeného oregana
- 2 lžičky granulované cibule
- 1 špetka drcených chilli vloček
- 2 lžičky košer soli
- 1 lžička čerstvě mletého černého pepře
- 2 lžíce medu

INSTRUKCE
VINAIGRETE Z ČERVENÉHO VÍNA:
a) Smíchejte všechny ingredience v nádobě s těsně přiléhajícím víkem.
b) Dobře protřepejte a uložte do lednice, dokud nebude potřeba.

TĚSTOVINOVÝ SALÁT
c) Připravte těstoviny podle pokynů na obalu.
d) Po uvaření sceďte fusilli a ochlaďte je ve studené vodě, abyste zastavili proces vaření.
e) Těstoviny přendáme do velké mísy a vmícháme zbylé ingredience.
f) Důkladně promíchejte a poté nechte přes noc.

4.Omáčkový salát Cheddar Fusilli

Vyrábí: 10

SLOŽENÍ:
- 2 polévkové lžíce olivového oleje
- 6 zelených cibulí, nakrájených
- 1 lžička soli
- 3/4 C. nakrájené nakládané papričky jalapeňo
- 1 (16 oz.) balíček těstovin fusilli
- 1 (2,25 oz.) může nakrájet černé olivy
- 2 lb extra libové mleté hovězí maso
- (volitelný)
- 1 (1,25 oz.) balení taco kořenící směsi
- 1 (8 oz.) balení drceného čedaru
- 1 (24 oz.) sklenice jemná salsa
- sýr
- 1 (8 oz.) láhev rančového dresinku
- 1 1/2 červené papriky, nakrájené

INSTRUKCE:

a) Umístěte velký hrnec na střední teplotu. Naplňte ji vodou a vmíchejte do ní olivový olej se solí.

b) Vařte, dokud se nezačne vařit.

c) Přidejte těstoviny a vařte je 10 minut. Vyjměte ji z vody a dejte stranou, aby odkapala.

d) Umístěte velkou pánev na střední teplotu. Opékáme v něm hovězí maso 12 min. Přebytečný tuk zlikvidujte.

e) Přidejte taco koření a dobře je promíchejte. Směs dejte stranou, aby úplně ztratila teplo.

f) Získejte velkou mísu: Smíchejte v ní salsu, ranč dresink, papriku, zelenou cibuli, jalapeňos a černé olivy.

g) Přidejte těstoviny s vařeným hovězím masem, sýrem čedar a směsí dresinků. Dobře je promíchejte. Na salátovou mísu položte kousek plastového obalu. Dejte do lednice na 1 h 15 min.

5. Zapečené těstoviny Crimini

Vyrábí: 6

SLOŽENÍ:
- 8 h crimini houby
- 1/3 šálku parmazánu, strouhaného
- 1 šálek růžičky brokolice
- 3 lžíce provensálských bylinek
- 1 šálek špenátu, čerstvý list, pečlivě zabalený
- 2 lžíce extra panenského olivového oleje
- 2 červené papriky, julien
- 1 lžíce soli
- 1 velká cibule, nakrájená
- 1/2 lžičky pepře
- 1 šálek sýra mozzarella, nastrouhaný
- 1 šálek rajčatové omáčky
- 2/3 libry těstovin

INSTRUKCE:

a) Než cokoli uděláte, nastavte troubu na 450 F. Namažte pekáč olejem nebo sprejem na vaření.
b) Získejte velkou mixovací nádobu: Vhoďte do ní houby, brokolici, špenát, papriku a cibuli.
c) Přidejte 1 lžíci olivového oleje, sůl, pepř a znovu je promíchejte.
d) Zeleninu rozprostřete do vymazané misky a pečte v troubě 10 minut.
e) Těstoviny vařte, dokud nebudou dente. Sceďte těstoviny a dejte je stranou.
f) Získejte velkou mixovací nádobu: Smíchejte 1 polévkovou lžíci olivového oleje s pečenou zeleninou, těstovinami, bylinkami a sýrem mozzarella. Rozložte směs zpět do kastrolu.
g) Navrch nasypte sýr a vařte 20 minut. Podávejte teplé a užívejte si.

6.Fusilli se sušenými rajčaty

Vyrábí: 6

SLOŽENÍ:
- 8 uncí Fusilli nebo Rotelle s příchutí zeleniny
- 1 polévková lžíce panenského olivového oleje
- 1/2 lžičky pálivé paprikové vločky
- 2 velké stroužky česneku, mleté
- 2 zelené cibule, nakrájené
- 2 polévkové lžíce nakrájených sušených rajčat
- 1 polévková lžíce nakrájeného zázvoru
- 1 lžíce strouhané pomerančové kůry
- 1 polévková lžíce rajčatové pasty
- 1/2 šálku konzervovaných italských švestkových rajčat, okapaných a nakrájených
- 1/4 šálku kuřecího vývaru
- Sůl a pepř na dochucení
- 2 lžíce nasekané pažitky
- 1 lžička sezamového oleje

INSTRUKCE:
a) Začněte tím, že přivedete velký hrnec vody k varu. Vařte těstoviny, dokud nedosáhnou textury al dente, obvykle 8 až 10 minut. Poté těstoviny sceďte v cedníku a dejte stranou.
b) Ve velké nepřilnavé pánvi rozehřejte panenský olivový olej. Přidejte vločky feferonky, nasekaný česnek, nakrájenou zelenou cibulku, sušená rajčata, zázvor a nastrouhanou pomerančovou kůru. Tuto směs smažte asi minutu.
c) Přidejte uvařené těstoviny na pánev a za stálého míchání smažte další minutu.
d) Přidejte rajčatový protlak, nakrájená švestková rajčata, kuřecí vývar, sůl a pepř. Všechny ingredience důkladně promícháme a vaříme, dokud se vše neprohřeje.
e) Na závěr pokrm ozdobíme nasekanou pažitkou a pokapeme sezamovým olejem.
f) Vychutnejte si své chutné Fusilli se sušenými rajčaty!

7. Mleté hovězí maso a těstoviny z jedné pánve

Vyrábí: 4

SLOŽENÍ:
- 1 polévková lžíce extra panenského olivového oleje
- 1 libra 90% libového mletého hovězího masa
- 8 uncí hub, jemně nakrájených nebo pulsovaných
- 1/2 šálku nakrájené cibule
- 1 15-uncová plechovka rajčatové omáčky bez přidané soli
- 1 šálek vody
- 1 polévková lžíce worcesterské omáčky
- 1 lžička italského koření
- 3/4 lžičky soli
- 1/2 lžičky česnekového prášku
- 8 uncí celozrnných rotini nebo fusilli
- 1/2 šálku nastrouhaného extra ostrého sýra Cheddar
- 1/4 šálku nasekané čerstvé bazalky na ozdobu

INSTRUKCE:

a) Začněte zahříváním extra panenského olivového oleje ve velké pánvi na středním ohni. Přidejte mleté hovězí maso, nakrájené houby a na kostičky nakrájenou cibuli. Vařte a míchejte, dokud hovězí maso již není růžové a houbová tekutina se většinou odpaří, což trvá asi 8 až 10 minut.

b) Vmíchejte rajčatovou omáčku, vodu, worcesterskou omáčku, italské koření, sůl a česnekový prášek.

c) Přidejte těstoviny na pánev a přiveďte je k varu.

d) Pánev zakryjte, snižte teplotu a za občasného míchání vařte, dokud těstoviny nezměknou a nevstřebá se většina tekutiny. Obvykle to trvá přibližně 16 až 18 minut.

e) Posypte těstoviny strouhaným sýrem čedar, pánev zakryjte a pokračujte v vaření, dokud se sýr nerozpustí, což obvykle trvá 2 až 3 minuty.

f) V případě potřeby pokrm před podáváním ozdobte nasekanou čerstvou bazalkou.

g) Vychutnejte si mleté hovězí maso a těstoviny na jedné pánvi! Nebojte se experimentovat s různými odrůdami sýra, jako je mozzarella, provolone nebo Asiago, abyste získali jedinečnou chuť.

8.Kuřecí Fusilli z jednoho hrnce

Vyrábí: 4
SLOŽENÍ:
- 2 lžíce olivového oleje
- 1 libra vykostěných kuřecích prsou bez kůže, na kostky
- 3 stroužky česneku, nasekané
- 1/2 lžičky italského koření
- 1 karton kuřecího vývaru
- 2 střední rajčata, nakrájená
- 12 uncí nevařených těstovin fusilli
- 1 střední červená paprika, nakrájená na kostičky
- 2 lžíce strouhaného parmazánu

INSTRUKCE:
a) Ve velkém hrnci rozehřejte olivový olej na středně vysokou teplotu. Přidejte nakrájené kuře a za občasného míchání 5 minut opékejte, dokud nezhnědne. Vmíchejte mletý česnek a italské koření; vaříme a mícháme 30 sekund.
b) Vmíchejte kuřecí vývar a nakrájená rajčata; dobře promíchejte. Přidejte těstoviny fusilli a přiveďte je k varu. Snižte plamen na střední a nechte odkryté za občasného míchání zvolna vařit 8 minut.
c) Vmícháme na kostičky nakrájenou červenou papriku. Vařte asi 4 minuty, nebo dokud těstoviny a papriky nezměknou a kuře není zcela upečené. Vmícháme nastrouhaný sýr.

9. Kuřecí a zeleninové Fusilli z jednoho hrnce

Vyrábí: 2

SLOŽENÍ:
- 1 stonek celeru
- 1 mrkev
- 1 balíček kuřecího masa nakrájeného na kostičky
- 1 balíček fusilli
- 1 sáček kuřecího vývaru v prášku
- 1/2 balíčku smetany
- 1 sáček listů baby špenátu
- 1 sáček petrželky
- 1 špetka chilli vloček (pokud používáte)
- 1 sáček směsi koření Aussie
- Olivový olej
- 2 šálky vroucí vody

INSTRUKCE:

a) Začněte vařením konvice. Celer nakrájíme nadrobno a mrkev nastrouháme. Toto je krok, kdy starší děti mohou pod dohledem dospělých pomoci nastrouhat mrkev.

b) Ve velkém hrnci rozehřejte na vysokou teplotu kapku olivového oleje. Jakmile je olej rozpálený, opečte nakrájené kuře se špetkou soli a pepře, občas promíchejte, dokud nezhnědne a nepropeče, což trvá asi 5–6 minut. Kuře přendejte na talíř. Vraťte rendlík na středně vysokou teplotu s další kapkou olivového oleje. Celer a mrkev vařte, dokud nezměknou, asi 4–5 minut.

c) Přidejte směs koření Aussie do pánve a vařte, dokud nebude voňavá, asi 1 minutu. Přidejte fusilli, prášek z kuřecího vývaru, vroucí vodu (2 šálky pro 2 osoby) a vraťte vařené kuře do pánve a zamíchejte, aby se spojilo. Přiveďte k varu a poté snižte teplotu na středně nízkou. Přikryjeme pokličkou a za občasného míchání dusíme, dokud nejsou fusilli al dente, což trvá asi 12–14 minut. Odstraňte poklici z pánve, poté vmíchejte smetanu a listy baby špenátu a vařte, dokud směs mírně nezhoustne a špenát nezvadne, asi 1-2 minuty. Bohatě dochutíme solí a pepřem.

d) Krémové kuřecí a zeleninové fusilli z jednoho hrnce rozdělte mezi misky. Ozdobte špetkou chilli vloček (pokud používáte) a natrhejte petrželku k podávání. Dobrou chuť!

e) Pro malé kuchařky mohou dochutit a natrhat přes petrželku.

TĚSTOVINY PENNE

10. Citronové kuřecí těstoviny Penne

Vyrábí: 4

SLOŽENÍ:
- 8 uncí těstovin penne
- 2 vykostěná kuřecí prsa bez kůže, nakrájená na kousky velikosti sousta
- Sůl a černý pepř podle chuti
- 2 lžíce olivového oleje
- 3 stroužky česneku, nasekané
- Kůra z 1 citronu
- Šťáva z 1 citronu
- 1 hrnek kuřecího vývaru
- 1 šálek husté smetany
- 1 lžička sušeného tymiánu
- ½ šálku strouhaného parmazánu
- Čerstvá petrželka, nasekaná (na ozdobu)

INSTRUKCE:

a) Těstoviny penne uvaříme podle návodu na obalu al dente. Sceďte a dejte stranou.

b) Kousky kuřecích prsíček podle chuti osolíme a osolíme černým pepřem.

c) Ve velké pánvi rozehřejte olivový olej na středně vysokou teplotu. Přidejte kousky kuřecích prsou na pánev a vařte, dokud nezhnědnou a nepropečou, asi 6-8 minut. Vařené kuře vyjměte z pánve a dejte stranou.

d) Do stejné pánve přidejte nasekaný česnek a restujte asi 1 minutu, dokud nebude voňavý.

e) Do pánve přidejte citronovou kůru, citronovou šťávu a kuřecí vývar. Dobře promíchejte a seškrábněte dno pánve, aby se uvolnily zhnědlé kousky.

f) Snižte teplotu na minimum a vlijte hustou smetanu. Vmícháme sušený tymián. Omáčku vařte asi 5 minut, dokud mírně nezhoustne.

g) Přidejte vařené těstoviny penne a vařené kuře zpět do pánve. Dobře promíchejte, aby se těstoviny a kuře obalily omáčkou.

h) Na těstoviny posypeme strouhaným parmazánem a mícháme, dokud se sýr nerozpustí a omáčka není krémová.

i) Odstraňte pánev z ohně. Ochutnejte a v případě potřeby dochuťte solí a černým pepřem.

j) Citronové kuřecí penne těstoviny podávejte horké, ozdobené nasekanou čerstvou petrželkou.

k) Navrch pokapejte zbytky citronové šťávy.

11. Trojsýrová masová koule Mostaccioli

PŘÍSADA

- 1 balení (16 uncí) mostaccioli
- 2 velká vejce, lehce rozšlehaná
- 1 karton (15 uncí) částečně odtučněný sýr ricotta
- 1 libra mletého hovězího masa
- 1 střední cibule, nakrájená
- 1 lžíce hnědého cukru
- 1 lžíce italského koření
- 1 lžička česnekového prášku
- 1/4 lžičky pepře
- 2 sklenice (24 uncí každá) omáčka na těstoviny s masem
- 1/2 šálku strouhaného sýra Romano
- 1 balení (12 uncí) zmrazené plně uvařené italské masové kuličky, rozmražené
- 3/4 šálku strouhaného parmazánu
- Mletá čerstvá petržel nebo čerstvá baby rukola, volitelné

INSTRUKCE:

a) Předehřejte troubu na 350°. Mostaccioli uvařte podle návodu na obalu al dente; vypustit. Mezitím si v malé misce smícháme vejce a sýr ricotta.

b) V 6-qt. hrnce, vařte hovězí maso a cibuli 6-8 minut nebo dokud hovězí maso přestane být růžové, hovězí maso rozlámejte na drobky; vypustit. Vmíchejte hnědý cukr a koření. Přidejte omáčku na těstoviny a mostaccioli; hodit kombinovat.

c) Přeneste polovinu těstovinové směsi na vymazaný 13x9-in. pekáč. Vrstva se směsí ricotty a zbývající směsí těstovin; posypeme sýrem Romano. Navrch dejte masové kuličky a parmazán.

d) Pečte odkryté 35–40 minut nebo dokud se nezahřeje. Pokud chcete, přidejte petrželku.

12. Těstoviny z uzeného lososa

Vyrábí: 8
SLOŽENÍ:
- 16 oz. těstoviny penne
- ¼ šálku másla
- 1 malá, nakrájená cibule
- 3 nasekané stroužky česneku
- 3 polévkové lžíce mouky
- 2 šálky světlé smetany
- ½ šálku bílého vína
- 1 polévková lžíce citronové šťávy
- ½ šálku strouhaného sýra Romano
- 1 šálek nakrájených hub
- ¾ lb nakrájeného uzeného lososa

INSTRUKCE:
a) Těstoviny vařte v hrnci s osolenou vodou 10 minut. Vypusťte.
b) Na pánvi rozpustíme máslo a cibuli a česnek na něm 5 minut restujeme.
c) Do máslové směsi vmícháme mouku a mícháme 2 minuty.
d) Opatrně přidejte světlou smetanu.
e) Tekutinu přiveďte těsně pod bod varu.
f) Vmíchejte sýr a míchejte, dokud není směs hladká, asi 3 minuty.
g) Přidejte houby a vařte 5 minut.
h) Lososa přendejte na pánev a vařte 3 minuty.
i) Lososovou směs podávejte přes těstoviny penne.

13. Penne alla vodka

Vyrábí: 8
SLOŽENÍ:
- 4 lžíce slaného másla
- 2 stroužky česneku, nasekané nebo nastrouhané
- ½ lžičky drcených vloček červené papriky
- ½ šálku vodky
- 1 (28 uncí) plechovka drcených rajčat, jako jsou rajčata San Marzano nebo Pomi
- ½ šálku sušených rajčat zabalených v olivovém oleji, okapaných a nakrájených
- Kosher sůl a čerstvě mletý pepř
- ¾ šálku husté smetany
- 1 (1 libra) krabičkové penne
- 1 šálek strouhaného parmazánu plus další pro podávání
- Čerstvá bazalka, k podávání

INSTRUKCE:
a) Ve velkém hrnci smíchejte máslo, česnek a vločky červené papriky na středně mírném ohni. Vařte za častého míchání, dokud se máslo nerozpustí a česnek nerozvoní, asi 5 minut. Přidejte vodku a přiveďte k varu. Vařte do snížení o jednu třetinu, další 2 až 3 minuty. Přidejte drcená rajčata, sušená rajčata a velkou špetku soli a pepře. Omáčku vařte na středním plameni, dokud se mírně nezredukuje, 10 až 15 minut. Přeneste omáčku do mixéru nebo použijte ponorný mixér, abyste omáčku rozmixovali na hladkou kaši, 1 minutu. Vmíchejte smetanu, dokud se nespojí.
b) Mezitím přiveďte k varu velký hrnec s osolenou vodou na vysokou teplotu. Přidejte penne a vařte podle návodu na obalu, dokud nejsou al dente. Sceďte a přidejte těstoviny a parmazán do omáčky, promíchejte, aby se spojily.
c) Chcete-li podávat tradičně, rozdělte těstoviny na osm talířů nebo misek. Ozdobte bazalkou a parmazánem.

14. Oříškové kuřecí těstoviny

Vyrábí: 4
SLOŽENÍ:
- 6 plátků slaniny
- 1 (6 uncí) sklenice marinovaných artyčokových srdíček, okapaných
- 10 špíčků chřestu, konce oříznuté a nahrubo nasekané
- 1/2 (16 oz.) balení rotini, loket nebo penne
- 1 vařená kuřecí prsa, nakrájené těstoviny
- 1/4 šálku sušených brusinek
- 3 polévkové lžíce nízkotučné majonézy
- 1/4 šálku pražených nakrájených mandlí
- 3 polévkové lžíce balsamico vinaigrette salátového dresinku
- sůl a pepř na dochucení
- 2 lžičky citronové šťávy
- 1 lžička worcesterské omáčky

INSTRUKCE:
a) Umístěte velkou pánev na střední teplotu. Vařte v něm slaninu, dokud nebude křupavá. Odstraňte ji z přebytečného tuku. Rozdrobte ji a dejte stranou.
b) Těstoviny uvaříme podle návodu na obalu.
c) Získejte malou mísu: Smíchejte v ní majonézu, balzamikový vinaigrette, citronovou šťávu a worcesterskou omáčku. Dobře je promíchejte.
d) Získejte velkou mixovací nádobu: Vhoďte do ní těstoviny s dresinkem. Přidejte artyčok, kuřecí maso, brusinky, mandle, rozdrobenou slaninu a chřest, špetku soli a pepře.
e) Dobře je promíchejte. Salát necháme 1 hodinu 10 minut vychladit v lednici a poté podáváme.

15. Hovězí pečení Penne

SLOŽENÍ:
- 1 balení (12 uncí) celozrnné těstoviny penne
- 1 libra libového mletého hovězího masa (90 % libového)
- 2 střední cukety, nakrájené nadrobno
- 1 velká zelená paprika, jemně nasekaná
- 1 malá cibule, nakrájená nadrobno
- 1 sklenice (24 uncí) omáčky na špagety
- 1-1/2 šálku omáčky Alfredo se sníženým obsahem tuku
- 1 šálek strouhaného částečně odtučněného sýra mozzarella, rozdělený
- 1/4 lžičky česnekového prášku
- Mletá čerstvá petržel, volitelné

INSTRUKCE:
a) Uvařte penne podle návodu na obalu. Mezitím v holandské troubě vařte na středním plameni hovězí maso, cuketu, papriku a cibuli, dokud maso přestane být růžové a rozdrobíte ho na drobky; vypustit. Vmíchejte omáčku na špagety, omáčku Alfredo, 1/2 šálku sýra mozzarella a česnekový prášek. Vypusťte penne; vmícháme do masové směsi.

b) Přeneste na 13x9 palců. zapékací mísa potažená sprejem na vaření. Přikryjeme a pečeme při 375° 20 minut. Posypeme zbylým sýrem mozzarella. Pečte odkryté o 3–5 minut déle nebo dokud se sýr nerozpustí. Pokud chcete, přidejte petrželku.

16. Sýrové kuřecí krémové těstoviny

Vyrábí: 6
SLOŽENÍ:
- 1 1/2 šálku mouky plus
- 1 červená paprika, nakrájená julienne
- 1 polévková lžíce mouky
- 1/2 šálku bílého vína
- 1 polévková lžíce soli
- 1/2 lb. celé listy špenátu, stopka
- 2 lžičky černého pepře
- 12 tekutých uncí. Vysokoprocentní smetana
- 2 lžičky italského bylinkového koření
- 1 šálek parmazánu, strouhaný
- 3 libry vykostěná kuřecí prsa bez kůže
- 3 tekuté oz. rostlinný olej, dělený
- 1 lb. těstoviny penne
- 1 lžíce česneku, nasekaný

INSTRUKCE:
a) Než něco uděláte, nastavte troubu na 350 F.
b) Získejte mělkou misku: Smíchejte do ní 1 1/2 šálku mouky, sůl, černý pepř a italské bylinkové koření.
c) Postavte velkou pánev vhodnou do trouby na střední teplotu a rozehřejte v ní trochu oleje.
d) Kuřecí prsa obalte v mouce a poté je opékejte na pánvi 4 minuty z každé strany. Přeneste pánev s kuřecím masem do trouby a pečte 17 minut.
e) Těstoviny penne uvařte podle pokynů na obalu, dokud nebudou dente.
f) Sceďte a dejte stranou.
g) Na přípravu omáčky:
h) Umístěte velký kastrol na střední teplotu. Přidejte k tomu 1 oz. oleje. Vaříme v něm červenou papriku s česnekem 1 min. Vmícháme mouku.
i) Vmíchejte víno a vařte je 1 minutu. Přidejte smetanu a špenát a vařte je, dokud se nezačnou vařit. Vmíchejte sýr, dokud se nerozpustí.
j) Získejte velkou mixovací nádobu: Promíchejte těstoviny s 1/2 omáčky. Těstoviny podávejte teplé s kuřecím masem a navrch pokapejte zbylou omáčkou.

17. Zapečené penne s krůtími masovými kuličkami

SLOŽKA S :

- 1 libra Krůta mletá
- 1 velký stroužek česneku; mletý
- ¾ šálku čerstvé strouhanky
- ½ šálku jemně nakrájené cibule
- 3 lžíce piniových oříšků; opečené
- ½ šálku nasekané čerstvé petrželové natě
- 1 velké vejce; lehce zbit
- 1 lžička soli
- 1 lžička černého pepře
- 4 lžíce olivového oleje
- 1 libra Penne
- 1½ šálku hrubě nastrouhaného sýra mozzarella
- 1 šálek čerstvě nastrouhaného sýra Romano
- 6 šálků rajčatové omáčky
- 1 kontejner; (15 uncí) sýr ricotta

INSTRUKCE:

a) V míse dobře promíchejte krůtu, česnek, strouhanku, cibuli, piniové oříšky, petržel, vejce, sůl a pepř a vytvarujte karbanátky a kuchař .
b) Uvařte těstoviny
c) V malé misce smíchejte mozzarellu a Romano. Do připravené misky nalijte asi 1½ šálku rajčatové omáčky a polovinu masových kuliček a navrch dejte polovinu těstovin.
d) Polovinu zbývající omáčky a polovinu sýrové směsi rozetřeme na těstoviny. Navrch dejte zbylé karbanátky a na ně dejte kopečky ricotty. Pečte penne uprostřed trouby 30 až 35 minut .

18. Klasické těstoviny Penne

Vyrábí: 8
SLOŽENÍ:
- 1 (16 oz.) balíček těstovin penne
- 2 (14,5 oz.) plechovky nakrájených rajčat
- 2 polévkové lžíce olivového oleje
- 1 lb. krevety, oloupané a zbavené
- 1/4 šálku nakrájené červené cibule
- 1 hrnek strouhaného parmazánu
- 1 polévková lžíce česneku nakrájeného na kostičky
- 1/4 šálku bílého vína

INSTRUKCE:
a) Těstoviny vařte ve vodě a soli po dobu 9 minut a poté odstraňte tekutiny.
b) Nyní začněte restovat česnek a cibuli na oleji, dokud cibule nezměkne.
c) Poté přidejte rajčata a víno.
d) Směs vařte 12 minut za stálého míchání. Poté přidejte krevety a vše vařte 6 minut.
e) Nyní přidejte těstoviny a vše promíchejte, aby bylo rovnoměrně.

ROTINI TĚSTOVINY

19. Těstovinový salát s krevetami a cherry rajčátky

Vyrábí: 6 porcí

SLOŽENÍ:
- ¾ libry krevet, vařené do růžova, asi 2 minuty, a scezené
- 12 uncí těstovin rotini

ZELENINA
- 1 cuketa, nakrájená
- 2 žluté papriky, nakrájené na čtvrtky
- 10 hroznových rajčat, rozpůlených
- ½ lžičky soli
- ½ bílé cibule, nakrájené na tenké plátky
- ¼ šálku Černé olivy, nakrájené na plátky
- 2 šálky Baby špenát

KRÉMOVÁ OMÁČKA
- 4 lžíce nesoleného másla
- 4 lžíce univerzální mouky
- ½ lžičky soli
- 1 lžička česnekového prášku
- 1 lžička cibulového prášku
- 4 polévkové lžíce výživného droždí
- 2 šálky mléka
- 2 lžíce citronové šťávy

K PODÁVÁNÍ
- Černý pepř

POKYNY :
TĚSTOVINY:
a) Připravte těstoviny al dente podle návodu na krabičce.
b) Sceďte a poté dejte stranou.

ZELENINA:
c) Umístěte pánev na mírné teplo a přidejte trochu oleje.
d) Za občasného míchání vaříme cuketu, papriku, cibuli a sůl po dobu 8 minut.
e) Přidejte rajčata a vařte další 3 minuty, nebo dokud zelenina nezměkne.
f) Přidejte špenát a vařte asi 3 minuty nebo dokud nezvadne.

KRÉMOVÁ OMÁČKA:
g) V hrnci na mírném ohni rozpustíme máslo.
h) Přidejte mouku a jemně prošlehejte, abyste vytvořili hladkou pastu.
i) Přidejte mléko a znovu prošlehejte.
j) Vmíchejte zbývající přísady na omáčku a vařte asi 5 minut.

K SESTAVENÍ:
k) Smíchejte vařené krevety, vařené těstoviny, zeleninu, černé olivy a smetanovou omáčku v servírovací misce.
l) Ozdobte posypem mletého černého pepře.

20. Čerstvé citronové těstoviny

Vyrábí: 8
SLOŽENÍ:
- 1 (16 oz.) balení tříbarevných rotini těstovin
- 1 špetka soli a mletého černého pepře
- 2 rajčata, zbavená semínek a nakrájená na kostičky
- chuť
- 2 okurky - oloupané, se semínky a
- 1 avokádo, nakrájené na kostičky
- na kostičky
- 1 vymačkejte citronovou šťávu
- 1 (4 oz.) může nakrájet černé olivy
- 1/2 šálku italského dresinku nebo více podle chuti
- 1/2 šálku strouhaného parmazánu

INSTRUKCE:
a) Těstoviny uvaříme podle návodu na obalu.
b) Získejte velkou mísu: Smíchejte v ní těstoviny, rajčata, okurky, olivy, italský dresink, parmazán, sůl a pepř. Dobře je promíchejte.
c) Vložte těstoviny do lednice na 1 hodinu 15 minut.
d) Získejte malou mixovací nádobu: Vmíchejte do ní citronovou šťávu s avokádem. Avokádo promíchejte s těstovinovým salátem a podávejte.
e) Užívat si.

21.Sýrový salát Pepperoni Rotini

Vyrábí: 8
SLOŽENÍ:
- 1 (16 oz.) balení tříbarevných rotini těstovin
- 1 (8 oz.) balení sýra mozzarella
- 1/4 lb nakrájená feferonková klobása
- 1 šálek růžičky čerstvé brokolice
- 1 (16 oz.) láhev salátu v italském stylu
- 1 (6 oz.) plechovka černých oliv, okapané
- obvaz

INSTRUKCE:
a) Těstoviny uvaříme podle návodu na obalu.
b) Získejte velkou mixovací nádobu: Vhoďte do ní těstoviny, feferonky, brokolici, olivy, sýr a dresink.
c) Salát dochutíme a dáme na 1 h 10 min do lednice. Podávejte.

22. Krémové rajčatové těstoviny Rotini v jednom hrnci

Vyrábí: 4 porce

SLOŽENÍ:
- 1 lžíce olivového oleje
- 3 stroužky prolisovaného česneku
- 8 uncí těstovin rotini (nebo jakékoli střední těstoviny)
- 14 uncí konzervovaných rajčat nakrájených na kostičky s jejich šťávou
- 3 lžíce rajčatového protlaku
- 1 lžička italského koření
- ½ lžičky volitelných chilli vloček
- Sůl a pepř na dochucení
- 2 ½ - 3 šálky vody nebo vývaru (v případě potřeby více)
- 2 šálky nakrájeného a vařeného kuřete (dobře funguje zbylé kuře nebo grilované kuře)
- ⅔ šálku husté smetany
- 2 lžíce nasekané čerstvé petrželky
- 1 unce strouhaného čerstvého parmazánu
- 1 ⅓ šálku strouhaného sýra mozzarella

INSTRUKCE:
a) Na velké pánvi vhodné do trouby rozehřejte olivový olej, přidejte a smažte nasekaný česnek, dokud nebude voňavý.

b) Vmíchejte nevařené těstoviny, rajčata z konzervy, rajčatový protlak, italské koření, chilli vločky (pokud používáte) a 2 ½ šálku vody. Nechte odkryté dusit, dokud nejsou těstoviny uvařené, v případě potřeby přidejte další vodu (obvykle asi 11-13 minut; ujistěte se, že je dostatek tekutiny na vytvoření omáčky).

c) Vmícháme kuře a hustou smetanu. Necháme vařit další 2-3 minuty, nebo dokud omáčka mírně nezhoustne a kuře se neprohřeje.

d) Sundejte z ohně a vmíchejte petrželku a parmazán. Navrch dejte sýr mozzarella a poté opékejte, dokud nezhnědne a nezhnědne.

e) Vychutnejte si lahodné a snadno vyrobitelné krémové rajčatové rotini těstoviny!

23. Pikantní hovězí Rotini v jednom hrnci

Vyrábí: 4 porce

SLOŽENÍ:
- 3/4 libry libového mletého hovězího masa (90 % libového)
- 2 šálky nakrájených čerstvých hub
- 1 střední cibule, nakrájená
- 3 stroužky česneku, nasekané
- 3/4 lžičky italského koření
- 2 šálky rajčatově bazalkové omáčky na těstoviny
- 1/4 lžičky soli
- 2 1/2 šálku vody
- 3 šálky nevařených celozrnných rotini (přibližně 8 uncí)
- 1/4 šálku strouhaného parmazánu

INSTRUKCE:

a) V 6-litrovém hrnci vařte prvních 5 ingrediencí na středně vysokém ohni, dokud hovězí maso již není růžové, což trvá 6–8 minut. Hovězí maso rozdrobíme a slijeme přebytečný tuk.

b) Přidejte omáčku na těstoviny, sůl a vodu; přiveďte k varu. Vmícháme rotini a vrátíme k varu.

c) Snižte plamen, přikryjte a nechte za občasného míchání dusit 8–10 minut nebo dokud těstoviny nedosáhnou konzistence al dente.

d) Podáváme posypané strouhaným sýrem.

e) Vychutnejte si toto pikantní hovězí rotini připravené v jediném hrnci, perfektní řešení pro špagetový den bez špinavých jídel.

24. Kuřecí a brokolicové rotini v jednom hrnci

Vyrábí: 8

SLOŽENÍ:
- 1 lb vykostěných kuřecích prsou bez kůže
- 1 lžíce olivového oleje
- 1 lžička soli
- 1/2 lžičky pepře
- 1 lžička sušeného oregana
- 4 šálky kuřecího vývaru s nízkým obsahem sodíku
- 1 lb nevařených rotini nebo těstovin podobného tvaru
- 1 šálek husté smetany
- 1 hrnek strouhaného parmazánu
- 2 šálky růžičky brokolice (dušená nebo 12 oz mražená brokolice v páře)
- 3 nastrouhané stroužky česneku

INSTRUKCE:
a) Kuře nakrájíme na malé kousky velikosti sousta.
b) Zahřejte olivový olej v 4,5-litrovém hrnci na střední teplotu.
c) Přidejte kuře, oregano, česnek, sůl a pepř a vařte, dokud kuře přestane být růžové, což trvá asi 3–4 minuty.
d) Vmíchejte neuvařené těstoviny a vývar, přiveďte k varu, poté přikryjte a snižte plamen na středně nízký.
e) Vařte 8–10 minut, v polovině míchejte, nebo dokud nejsou těstoviny al dente.
f) Přidejte smetanu, parmazán a dušenou brokolici.
g) Všechny ingredience smíchejte dohromady, dokud nebude krásně krémová.
h) Ozdobte dalším parmazánem a čerstvou italskou petrželkou.
i) Vychutnejte si tento rychlý a snadný krémový pokrm z kuřecího a brokolicového rotini, vše připravené v jediném hrnci.

25. Rotini z jedné pánve s rajčatovou smetanovou omáčkou

Vyrábí: 6 porcí

SLOŽENÍ:
- 1 libra libového mletého hovězího masa (90 % libového)
- 1 střední cibule, nakrájená
- 2 stroužky česneku, nasekané
- 1 lžička italského koření
- 1/2 lžičky pepře
- 1/4 lžičky soli
- 2 šálky hovězího vývaru
- 1 plechovka (14-1/2 unce) na ohni pečených nakrájených rajčat, neodkapaných
- 2 šálky nevařených spirálových těstovin
- 1 šálek mraženého hrášku
- 1 hrnek husté smetany ke šlehání
- 1/2 šálku strouhaného parmazánu

INSTRUKCE:

a) Ve velké pánvi vařte hovězí maso a cibuli na středním plameni, dokud hovězí maso již není růžové a cibule je měkká, což trvá asi 5–10 minut. Ujistěte se, že hovězí maso nalámete na drobky a poté slijte přebytečný tuk.

b) Přidejte česnek a koření a vařte další minutu.

c) Vmíchejte hovězí vývar a rajčata a poté směs přiveďte k varu.

d) Přidejte těstoviny a hrášek, poté snižte plamen. Přikryté dusíme, dokud těstoviny nezměknou, což obvykle trvá 10–12 minut.

e) Postupně vmícháme smetanu a sýr, ale opatrně, aby se nerozvařila.

f) Vychutnejte si rotini z jedné pánve s rajčatovou smetanovou omáčkou, což je rodinné jídlo, které se snadno připravuje a čistí!

26. Parmazánová pánev Rotini

Vyrábí: 8

SLOŽENÍ:
- 1 libra italské vepřové klobásy, odstraněná střívka
- 1 plechovka (každá 15 oz) NEBO 1 karton (14,8 oz) Rajčatová omáčka Hunt's®
- 1 plechovka (každá 14,5 oz) Hunt's® nakrájená rajčata, neodkapaná
- 2 šálky vody
- 1/2 lžičky sušených lístků bazalky
- 1/2 lžičky sušených listů oregana
- 3 šálky těstovin rotini, nevařené
- 1 šálek sýra ricotta
- 1/2 šálku strouhaného parmezánu Kraft®, rozdělený
- 1/2 lžičky petrželových vloček

INSTRUKCE:

a) Rozdrobte klobásu do velké hluboké pánve. Vařte za častého míchání 8 až 10 minut nebo do rovnoměrného zhnědnutí. Sceďte klobásu a poté ji vraťte na pánev.

b) Vmíchejte rajčatovou omáčku, neloupaná rajčata, vodu, bazalku a oregano. Směs přiveďte k varu. Přidejte těstoviny a promíchejte. Zakryjte a poté za občasného míchání vařte na středně mírném ohni 18 až 20 minut, nebo dokud těstoviny nezměknou.

c) Smíchejte ricottu, 1/4 šálku parmezánu a petrželku. Tuto směs nalijte na těstoviny a poté s ní jemně zakružte lžící. Navrch posypeme zbylým parmazánem.

d) Vychutnejte si chutnou parmezánovou rotini pánev, rychlé a uspokojivé jídlo připravené pouze na jedné pánvi.

27.Kuřecí Rotini na jedné pánvi

Vyrábí: 4

SLOŽENÍ:
- 1 polévková lžíce olivový olej
- 1 lžička drcený česnek
- 8 uncí. suché těstoviny rotini (2 šálky)
- 4 unce. nízkotučný smetanový sýr, kostkový
- 1 šálek nakrájené mrkve v pytlích
- 2 šálky nakrájeného vařeného kuřete (nebo šunky)
- 2 plechovky (14,5 oz každá) Zelené fazolky s houbami, okapané
- 1/2 šálku strouhaného parmazánu
- 1/4 šálku nasekané čerstvé bazalky

INSTRUKCE:
a) Zahřejte olivový olej v hluboké 10palcové pánvi; přidejte česnek a za stálého míchání vařte 30 sekund.

b) Opatrně přidejte 3 1/2 hrnku vody, přiveďte k varu. Vmícháme těstoviny, vrátíme k varu a stáhneme na střední teplotu. Vařte při mírném varu podle návodu na obalu za častého míchání, dokud nejsou těstoviny al dente, což je obvykle asi o 2 minuty déle, než je uvedeno na obalu. NEODPOUŠTĚJTE.

c) Vmíchejte smetanový sýr, mrkev, kuřecí maso (nebo šunku), zelené fazolky a parmazán. Vařte 4 minuty nebo dokud se nezahřeje a mrkev bude měkká křupavá.

d) Před podáváním vmíchejte bazalku.

e) Vychutnejte si kuřecí rotini z jedné pánve, lahodný a účinný způsob, jak spotřebovat zbytky a vytvořit uspokojivé jídlo.

JUMBO SHELLY

28. Italské klobásy plněné skořápky

Počet porcí: 4-6 porcí
SLOŽENÍ:
NA TĚSTOVINY:
- 24 skořápek velkých těstovin

NA KLOBÁKOVÝ MARINARA:
- 1 libra (450 g) italské klobásy, odstraněný obal
- 1 malá cibule, nakrájená nadrobno
- 2 stroužky česneku, mleté
- 28-uncová plechovka drcených rajčat
- 1 lžička sušené bazalky
- 1 lžička sušeného oregana
- Sůl a černý pepř, podle chuti

NA NÁPLŇ A ODOBU:
- 2 šálky sýra ricotta
- 1 ½ šálku strouhaného sýra mozzarella
- ½ šálku strouhaného parmazánu
- ¼ šálku čerstvé petrželky, nasekané
- 1 vejce

PRO MONTÁŽ:
- Olivový olej na mazání

INSTRUKCE:
NA TĚSTOVINY:
a) Předehřejte troubu na 350 °F (175 °C).
b) Jumbo skořápky těstovin uvařte podle návodu na obalu, dokud nebudou al dente.
c) Sceďte a dejte je stranou vychladnout.

NA KLOBÁKOVÝ MARINARA:
d) Ve velké pánvi rozehřejte trochu olivového oleje na středně vysokou teplotu.
e) Přidejte italskou klobásu a vařte, dokud není hnědá a již není růžová, rozlomte ji lžící. Odstraňte přebytečný tuk.
f) Přidejte nakrájenou cibuli a nasekaný česnek na pánev s klobásou a vařte asi 2-3 minuty, dokud cibule nezprůsvitní.
g) Vmícháme drcená rajčata, sušenou bazalku, sušené oregano, sůl a černý pepř.
h) Omáčku vařte asi 10 minut, aby se chutě propojily a mírně zhoustly. Odstraňte z tepla.

K NÁPLNĚ:
i) V míse smíchejte sýr ricotta, 1 šálek sýra mozzarella, ¼ šálku parmazánu, nasekanou petrželku a vejce.
j) Dobře promícháme, aby vznikla nádivková směs.

SHROMÁŽDIT:
k) Zapékací mísu vymažte olivovým olejem.
l) Na dno misky rozetřete tenkou vrstvu omáčky klobásy marinara.
m) Každou uvařenou skořápku těstovin opatrně naplňte sýrovou směsí a uložte je do připravené zapékací misky.
n) Naplněné skořápky přelijte zbývající omáčkou marinara.
o) Na skořápky posypte zbývající ½ šálku sýra mozzarella a veškerý zbývající parmazán.

UPÉCT:
p) Pekáč přikryjeme alobalem a pečeme v předehřáté troubě 20-25 minut.
q) Odstraňte alobal a pokračujte v pečení dalších 10 minut, nebo dokud sýr nebude bublinkový a lehce zlatavý.
r) Nechte misku několik minut vychladnout a poté podávejte své skořápky plněné italskou klobásou horké, v případě potřeby ozdobené další čerstvou petrželkou.

29. Špenát a třísýrové plněné skořápky

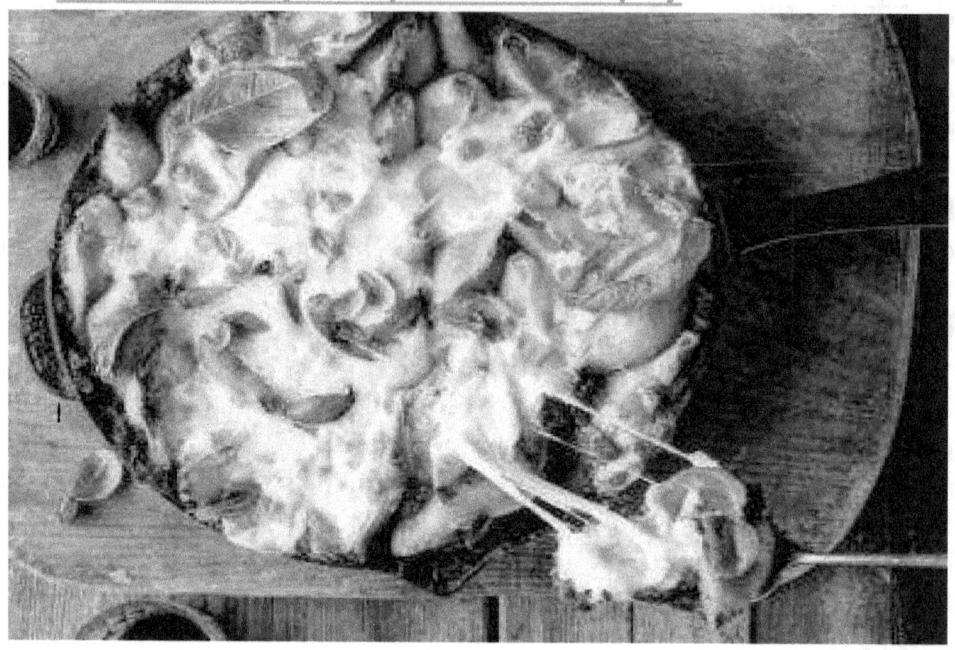

Dělá: 6 až 8
SLOŽENÍ:
- 2 lžíce extra panenského olivového oleje
- 1 libra mleté pikantní italské klobásy
- 2 (28 uncí) plechovky drcených rajčat, jako jsou rajčata San Marzano nebo Pomi
- 1 červená paprika, zbavená semínek a nakrájená na plátky
- 2 lžičky sušeného oregana
- ½ lžičky drcených vloček červené papriky, plus další podle potřeby
- Kosher sůl a čerstvě mletý pepř
- 1 (8 uncí) sáček zmrazeného nakrájeného špenátu, rozmražený a vyždímaný do sucha
- 1 (1-libra) krabice skořápky na těstoviny
- 16 uncí plnotučného sýra ricotta
- 2 šálky strouhaného sýra Gouda
- 1 šálek čerstvých lístků bazalky, nakrájených, plus další pro podávání
- 8 uncí čerstvého sýra mozzarella, natrhaný

INSTRUKCE:
a) Předehřejte troubu na 350 °F.
b) Zahřejte olivový olej ve velké pánvi vhodné do trouby na středně vysokou teplotu. Když se olej třpytí, přidejte klobásu a vařte, rozdrobte ji vařečkou, dokud nezhnědne, 5 až 8 minut. Snižte teplotu na minimum a přidejte drcená rajčata, papriku, oregano, vločky červené papriky a špetku soli a pepře. Vařte, dokud omáčka mírně nezhoustne, 10 až 15 minut. Vmícháme špenát. Ochutnejte a přidejte další sůl, pepř a vločky červené papriky.
c) Mezitím přiveďte k varu velký hrnec s osolenou vodou na vysokou teplotu. Přidejte skořápky a vařte podle návodu na obalu, dokud nejsou al dente. Dobře sceďte.
d) Ve střední misce smíchejte ricottu, goudu a bazalku. Přeneste směs do sáčku na zip o velikosti galonu. Zatlačte směs do jednoho rohu sáčku, vytlačte vzduch z horní části sáčku a ustřihněte asi ½ palce z tohoto rohu.
e) Postupně pracujte s jedním po druhém, do každé skořápky napijte asi 1 polévkovou lžíci sýrové směsi a vložte je do pánve. Skořápky rovnoměrně posypte mozzarellou.
f) Přeneste pánev do trouby a pečte, dokud se sýr nerozpustí a na povrchu lehce nezhnědne, 25 až 30 minut.

30. Dekadentní skořápky plněné špenátem

SLOŽENÍ:
- 1 balení (12 uncí) velké těstovinové skořápky
- 1 sklenice (24 uncí) pečená červená paprika a česneková omáčka na těstoviny
- 2 balíčky (8 uncí každý) smetanový sýr, změkčený
- 1 šálek omáčky Alfredo z pečeného česneku
- Posypová sůl
- Šlehavý pepř
- Dash drcené vločky červené papriky, volitelné
- 2 šálky strouhané směsi italského sýra
- 1/2 šálku strouhaného parmazánu
- 1 balíček (10 uncí) mraženého nakrájeného špenátu, rozmraženého a vyždímaného do sucha
- 1/2 šálku jemně nasekaných ve vodě zabalených artyčokových srdíček
- 1/4 šálku jemně nasekané pečené sladké červené papriky
- Další parmazán, volitelně

INSTRUKCE:
a) Předehřejte troubu na 350°. Skořápky těstovin uvařte podle návodu na obalu al dente. Vypusťte.

b) Rozložte 1 šálek omáčky do vymazané 13x9-in. pekáč. Ve velké míse prošlehejte smetanový sýr, omáčku Alfredo a koření, dokud se nespojí. Vmícháme sýry a zeleninu. Lžící do skořápek. Rozložte do připravené zapékací mísy.

c) Navrch nalijte zbývající omáčku. Pečeme přikryté 20 minut. Pokud chcete, posypte dalším parmazánem. Pečte odkryté o 10–15 minut déle nebo dokud se sýr nerozpustí.

31.Skořápky na těstoviny Jumbo plněné česnekem

Počet: 24 porcí
SLOŽENÍ:
- 500 gramů skořápek těstovin Jumbo, uvařených do měkka a scezených
- 6 lžic másla
- 6 stroužků česneku, jemně nasekaných (se špetkou soli)
- 500 gramů sýra Ricotta
- 250 gramů tvarohu
- 1/4 šálku strouhaného parmazánu
- 6 plátků prosciutta, nakrájených nadrobno
- 6 lžic mouky
- 2 šálky mléka
- 1 šálek těžké smetany
- 1/2 šálku čerstvě nasekané petrželky
- 6 filet z ančoviček, jemně nasekaných
- 3 lžíce čerstvě nasekané petrželky
- 3 lžíce čerstvé bazalky, nasekané
- 2 žloutky, rozšlehané
- Sůl a pepř na dochucení

INSTRUKCE:

a) Začněte rozpuštěním másla v hrnci na mírném ohni. Přidejte najemno nakrájený česnek a restujte, dokud nezačne mít zlatohnědou barvu. Odstraňte z ohně a přidejte mouku.

b) Vraťte kastrol na oheň a za stálého míchání dvě minuty vařte. Ujistěte se, že mouka nezmění barvu.

c) Sundejte z plotny a najednou přidejte mléko a smetanu. Intenzivně šlehejte, dokud nebude směs hladká. Umístěte pánev na střední teplotu a přidejte petržel a ančovičky.

d) Vařte a neustále míchejte, dokud omáčka nedosáhne konzistence husté smetany. Sundejte z ohně a dochuťte solí a pepřem podle chuti. Nechte to odkryté.

e) Ve velké míse smíchejte ricottu, tvaroh, parmezán, petržel, bazalku, prosciutto a rozšlehané žloutky. Podle chuti osolíme, opepříme a důkladně promícháme.

f) Každou jumbo skořápku naplňte částí sýrové směsi. Jemně přitlačte dlouhé strany každé skořápky k sobě, abyste zachovali svůj původní tvar z doby před vařením. Odstraňte přebytečnou náplň.

g) Nalijte přibližně dva šálky omáčky na dno zapékací mísy dostatečně velké, aby se do ní vešlo všech 24 skořápek. Naplněné skořápky vložte do misky a přelijte zbylou omáčkou.

h) Pečeme v předehřáté troubě na 375 °F po dobu 15 minut. Ihned podávejte. Vychutnejte si své lahodné skořápky jumbo těstovin plněné česnekem!

32.Skořápky na těstoviny plněné varnou deskou

Dělá: Přibližně 4 až 6 lidí
SLOŽENÍ:
- 15 skořápek velkých těstovin
- 1 ½ šálku sýra ricotta
- 2 šálky strouhaného sýra mozzarella, rozdělené
- ¾ šálku strouhaného parmazánu, rozděleného
- 2 lžíce čerstvých lístků bazalky, nahrubo nasekaných
- ½ lžičky soli
- ¼ lžičky černého pepře
- 2 šálky marinara omáčky

INSTRUKCE:
a) Začněte tím, že přivedete k varu velký hrnec s osolenou vodou. Přidejte skořápky těstovin do hrnce a vařte podle pokynů na obalu tak, aby byly al dente.
b) Tip: Uvařte pár skořápek navíc, pokud chcete mít zálohy pro případ, že by se některé roztrhly nebo zlomily (to se stává!). Pokud na to nejste vybíraví, jděte do toho a uvařte přesně 15 skořápek.
c) Uvařené skořápky těstovin propláchněte pod studenou vodou, dokud nevychladnou, aby se daly zpracovat, a poté je sceďte. Během přípravy tvarohové náplně je dejte stranou.
d) Ve středně velké misce smíchejte ricottu, 1 šálek mozzarelly, ½ šálku parmazánu, bazalku, sůl a pepř. Míchejte, dokud se všechny ingredience dobře nespojí.
e) Naplňte každou skořápku přibližně 1 až 2 lžícemi sýrové směsi. Nezapomeňte náplň pevně zabalit, aby se během vaření neroztekla a neroztekla. Pokračujte, dokud nejsou všechny skořápky naplněny.
f) Nalijte omáčku marinara do velké pánve s vysokými stranami. Pečlivě urovnejte plněné skořápky na pánev a ujistěte se, že vršek skořápek zůstane nad omáčkou (to zabrání tomu, aby se sýrová náplň roztavila v omáčce, i když je stále vynikající).
g) Skořápky posypte zbývajícím 1 šálkem mozzarelly a ¼ šálku parmazánu. Pánev zakryjte a umístěte ji na sporák nastavený na středně nízkou teplotu. Vařte, dokud se sýr na povrchu nerozpustí a skořápky se neprohřejí, což obvykle trvá asi 10 minut.
h) Užijte si své báječné těstoviny plněné na varné desce!

33. Vegetariánské pánve plněné skořápky

SLOŽENÍ:
- 18 velkých těstovinových skořápek (přibližně 6 uncí)
- 1 1/2 lžičky. košer sůl a navíc na dochucení
- 2 polévkové lžíce extra panenský olivový olej
- 1/2 lb. crimini houby, nakrájené na tenké plátky
- 1 lžička čerstvě mletý černý pepř
- 1/2 šálku suchého bílého vína nebo vermutu
- 5 uncí Baby špenát
- 6 stroužků česneku, nakrájených na tenké plátky
- 2 polévkové lžíce nesolené máslo
- 3 šálky omáčky marinara
- 1/2 lžičky drcené vločky červené papriky
- 2 šálky ricotty z plnotučného mléka
- 3 unce jemně nastrouhaný parmezán (asi 1 šálek), plus další pro podávání
- 3 polévkové lžíce jemně nakrájené oregano, rozdělené

INSTRUKCE:
a) Skořápky těstovin uvařte ve velkém hrnci s vroucí osolenou vodou za občasného míchání, dokud nejsou velmi al dente, přibližně 9 minut. Sceďte je a podlijte studenou vodou, aby se vaření zastavilo. Znovu sceďte.
b) Zatímco se těstoviny vaří, zahřejte olivový olej ve velké pánvi na vysokou teplotu. Přidejte na tenké plátky nakrájené houby a za občasného míchání vařte, dokud nepustí šťávu, pak oschnou a pěkně zhnědnou, což trvá asi 5–6 minut. Okoříme černým pepřem a 1 lžičkou. soli. Snižte teplotu na střední, přidejte víno a vařte za stálého míchání, dokud se nesníží na polovinu, což trvá 1-2 minuty. Přidejte baby špenát, přikryjte a vařte, dokud nezačne vadnout, asi 1-2 minuty. Odkryjeme a za občasného míchání vaříme, dokud špenát úplně nezvadne a většina tekutiny se neodpaří, ještě asi 2-4 minuty. Přeneste houbovou směs do velké mísy a rezervujte pánev.
c) Česnek a máslo vařte ve vyhrazené pánvi na středně vysokém ohni za občasného míchání, dokud česnek nezavoní a nezačne hnědnout, což trvá 2–3 minuty. Přidejte omáčku marinara a vločky červené papriky a na mírném ohni přiveďte k varu. Vařte za občasného míchání, dokud se neprohřeje, asi 6-8 minut.
d) Zatímco se omáčka vaří, přidejte ricottu, 3 oz. parmezánu, 2 lžíce. oregana a zbývající 1/2 lžičky. soli do houbové směsi a promíchejte, aby se spojily. Lžíce asi 2 polévkové lžíce. ricottovou směsí do každé skořápky, naplňte je po kapacitu, ale nepřeplňujte.
e) Naplněné skořápky vložte do horké omáčky na pánvi. Přikryjte a vařte na středním plameni, dokud se skořápky neprohřejí, 4–6 minut. Odstraňte z ohně a nechte 5 minut sedět. Posypeme parmazánem a zbylou 1 polévkovou lžící. z oregana.
f) Užijte si své nádherné vegetariánské pánve plněné skořápkami!

34. Skořápky z těstovin plněné tacos

Vyrábí: 8

SLOŽENÍ:
- 8 uncí nevařených těstovinových skořápek (přibližně 24 skořápek z 12oz krabice)
- 1 lb libového (alespoň 80 %) mletého hovězího masa
- 1 balení (1 oz) taco kořenící směs
- 1 plechovka (14,5 oz) drcených rajčat pečených na ohni, neodkapaných
- 1 balení (8 uncí) strouhané směsi mexického sýra (rovná se 2 šálkům)
- 1 šálek nakrájených švestkových (romských) rajčat
- 1/4 šálku nasekaného čerstvého koriandru

INSTRUKCE:
a) Předehřejte troubu na 350 °F. Skořápky těstovin uvařte podle pokynů na krabičce a poté je sceďte.
b) Na 12palcové nepřilnavé pánvi vařte mleté hovězí maso na středně vysokém ohni asi 5 minut za častého míchání, dokud není zcela uvařené. Přebytečný tuk slijte. Přidejte směs koření taco, drcená rajčata a 1 šálek strouhaného sýra. Dobře promíchejte, dokud se sýr úplně nerozpustí.
c) Naplňte každou skořápku těstovin přibližně 1 polévkovou lžící hovězí směsi a vložte je do nevymazané skleněné zapékací mísy o rozměrech 13 x 9 palců (3 litry). Naplněné skořápky položte na kostičky nakrájenými švestkovými rajčaty a nasekaným koriandrem, poté posypte zbývajícím 1 šálkem sýra.
d) Pečte 15 až 20 minut, nebo dokud se pokrm neprohřeje a sýr se dokonale nerozpustí. Skořápky těstovin plněné tacos podávejte, dokud jsou teplé.
e) Užijte si své jedinečné a lahodné těstovinové skořápky plněné tacos!

35. Letní plněné mušle

Dělá: 6 lidí
SLOŽENÍ:
- 20 až 25 uvařených těstovinových skořápek
- 2 lžíce olivového oleje
- 1 sladká cibule, nakrájená na kostičky
- 4 stroužky česneku, nasekané
- 1 cuketová dýně, nakrájená
- 2 kukuřičné klasy, jádra nakrájená z klasu
- Košer sůl a pepř
- 15 uncí sýra ricotta
- 1 velké vejce, lehce rozšlehané
- 2 šálky čerstvě nastrouhané mozzarelly nebo sýra provolone
- 1/2 šálku jemně nastrouhaného parmazánu, plus navíc k podávání
- 2/3 šálku pesta (nejlépe bazalkového)
- 2 šálky marinara omáčky
- Čerstvá bazalka, k podávání

INSTRUKCE:
a) Předehřejte troubu na 350 stupňů F. Skořápky těstovin uvařte v osolené vodě podle pokynů na obalu. Po uvaření je scedíme.
b) Olivový olej zahřejte v holandské troubě nebo litinové pánvi vhodné do trouby. Přidejte na kostičky nakrájenou cibuli a nasekaný česnek spolu se špetkou soli a pepře. Vařte za častého míchání, dokud mírně nezměknou. Vmícháme nakrájenou cuketu a kukuřici s další špetkou soli a pepře. Vařte, dokud nezměknou, což by mělo trvat asi 5 až 6 minut. Vypněte teplo a nechte mírně vychladnout.
c) Ve velké míse smíchejte sýr ricotta, rozšlehané vejce, 1 šálek sýra mozzarella, parmazán a 1/3 šálku pesta. Přidejte špetku soli a pepře a míchejte, dokud se dobře nespojí. Přeneste směs cukety a kukuřice do směsi ricotty a míchejte, dokud se zcela nespojí.
d) Přidejte omáčku marinara do pánve vhodné do trouby, ve které jste vařili směs cukety a kukuřice.
e) Vezměte každou skořápku z jumbo těstovin a naplňte ji 2 až 3 lžícemi náplně ricotta-pesto. Naplněné skořápky vložte do marinarové omáčky na pánvi. Opakujte se zbývajícími skořápkami. Pokud máte skořápky navíc, přidejte trochu omáčky do malého pekáčku nebo pánve a skořápky tam navrstvěte.
f) Na skořápky naneste zbývající pesto. Posypte je zbylým sýrem mozzarella. Pečte 25 až 30 minut, dokud není pokrm teplý, zlatavý a bublinkový.
g) Vyjměte pánev z trouby a nechte ji několik minut odležet. Navrch dejte extra parmazán, čerstvou bazalku a podle potřeby ještě více pesta. Podávejte a vychutnejte si lahodné letní plněné mušle!

LINGUINOVÉ TĚSTOVINY

36. Těstovinový salát Romano Linguine

Vyrábí: 6

SLOŽENÍ:
- 1 (8 oz.) balíček linguine těstoviny
- 1/2 lžičky vloček červené papriky
- 1 (12 oz.) sáček růžičky brokolice, nakrájený na kousky velikosti sousta
- 1/4 lžičky mletého černého pepře
- sůl podle chuti
- 1/4 šálku olivového oleje
- 4 lžičky mletého česneku
- 1/2 šálku jemně nastrouhaného sýra Romano
- 2 polévkové lžíce jemně nasekané čerstvé ploché petrželky

INSTRUKCE:
a) Těstoviny uvaříme podle návodu na obalu.
b) Přiveďte k varu hrnec s vodou. Nahoru položte parní hrnec. Vařit v ní brokolici pod pokličkou 6 minut
c) Umístěte kastrol na střední teplotu. Rozehřejte v něm olej. Orestujte v něm česnek s vločkami pepře 2 minuty.
d) Získejte velkou mísu: Přeneste do ní směs restovaného česneku s těstovinami, brokolicí, sýrem Romano, petrželkou, černým pepřem a solí. Dobře je promíchejte.
e) Upravte koření salátu. Ihned podávejte.
f) Užívat si.

37. Citronové ricottové těstoviny s cizrnou

Vyrábí: 4
SLOŽENÍ:
- 8 uncí linguine těstovin
- 1 šálek sýra ricotta
- 1 plechovka (15 uncí) cizrny, okapaná a propláchnutá
- 3 šálky toskánské kapusty, stonky zbavené a nahrubo nasekané
- 2 lžíce extra panenského olivového oleje
- 3 stroužky česneku, nasekané
- 1 lžička citronové kůry
- 2 lžíce citronové šťávy
- Sůl a pepř na dochucení
- Plátky citronu, na ozdobu

INSTRUKCE:
a) Začněte tím, že ve velkém hrnci přivedete k varu velké množství osolené vody. Postupujte podle pokynů na obalu linguine a vařte, dokud nedosáhne požadované struktury al dente.
b) Po uvaření těstoviny sceďte, ale nezapomeňte si ponechat asi ½ šálku vody z těstovin. Těstoviny a odloženou vodu dejte stranou.
c) Ve velké pánvi rozehřejte na středním plameni trochu olivového oleje. Na pánev přidejte nasekaný česnek a restujte ho asi 1 minutu, dokud nebude voňavý a lehce zlatavý.
d) Toskánskou kapustu vložte na pánev a za občasného míchání ji vařte asi 3–4 minuty, dokud nezvadne a nezměkne.
e) Snižte teplotu na mírný plamen a do pánve vmíchejte sýr ricotta, citronovou kůru a citronovou šťávu. Ingredience dobře promíchejte, aby se spojily a vytvořily hladkou a krémovou omáčku.
f) Opatrně vmíchejte cizrnu a uvařený linguine, aby byly rovnoměrně potaženy smetanovou omáčkou. Pokud se vám omáčka zdá příliš hustá, postupně přidávejte malé množství odložené vody z těstovin, abyste dosáhli požadované konzistence.
g) Pokrm dochuťte solí a pepřem podle vašich preferencí. Nechte chutě, aby se spojily, a pokračujte ve vaření další 2-3 minuty.
h) Sundejte pánev z plotny a rozdělte Lemon Ricotta Linguine na jednotlivé servírovací talíře. Pro extra výbuch citrusové chuti ozdobte každý talíř plátky citronu.
i) Pokrm podávejte ihned, dokud je ještě horký, a vychutnejte si jeho svěží a zářivou chuť.
j) Pro dokonalou přílohu spárujte tento Lemon Ricotta Linguine s cizrnou s křupavým bílým vínem a podávejte ho s česnekovým chlebem pro uspokojující a kompletní jídlo.

38.Krevety Carbonara

Vyrábí: 6
SLOŽENÍ:
- ¼ šálku olivového oleje, rozdělený
- 1 lb kuřecí kostky
- 4 polévkové lžíce mletého česneku, rozděleného
- 1 lžička tymiánu
- 1 lžička oregana
- 1 lžička bazalky
- 1 lb. oloupané a zbavené krevety
- 16 oz. linguine
- 6 na kostičky nakrájené slaniny
- Sůl a pepř na dochucení
- 1 nakrájená cibule
- 1 šálek nakrájených hub
- 1 nakrájená červená paprika
- 2 šálky husté smetany
- 1 šálek mléka
- 1 ½ šálku strouhaného parmazánu
- 2 žloutky
- 1 šálek bílého vína.

INSTRUKCE:
a) Ve velké pánvi rozehřejte 2 polévkové lžíce oliv.
b) Orestujte polovinu česneku a dochuťte tymiánem, oreganem a bazalkou.
c) Vmíchejte kuře a vařte na nízké teplotě po dobu 10 minut.
d) Kuře položte na talíř a dejte stranou.
e) Na stejné pánvi rozehřejte 2 lžíce olivového oleje a zbylý česnek opékejte 2 minuty.
f) Vmíchejte krevety a vařte na nízkém stupni 6 minut.
g) Přeneste krevety s kuřetem.
h) Linguine vařte v hrnci s osolenou vodou 12 minut.
i) Opět na stejné pánvi opékejte slaninu, dokud nebude hotová, asi 5 minut.
j) Slaninu nechte okapat na papírové utěrce a rozdrobte. Dát stranou.
k) Cibuli, papriku a houby orestujte na pánvi se slaninou 5 minut.
l) V misce smíchejte smetanu, mléko, parmazán, žloutky, sůl a pepř.
m) K cibuli, pepři a houbám v pánvi přidejte víno a přiveďte k varu.
n) Vařte na nízké úrovni po dobu 5 minut.
o) Vmícháme hustou smetanu a 5 minut povaříme.
p) Vraťte krevety a kuře do pánve a potřete omáčkou.
q) Krevety a kuře podávejte s těstovinami.

39.Linguine a škeble omáčka

Vyrábí: 4
SLOŽENÍ:
- 16 oz. linguini
- 1 polévková lžíce olivového oleje
- 1 nakrájená cibule
- 5 nasekaných stroužků česneku
- ½ šálku másla
- Sůl a pepř na dochucení
- ¼ šálku suchého bílého vína
- ¼ šálku šťávy z mušlí
- 1 ½ šálku nakrájených škeblí
- 1 lžička vloček červené papriky

INSTRUKCE:
a) Linguini vařte v hrnci s osolenou vodou 10 minut. Vypusťte.
b) Na pánvi rozehřejte olivový olej a 5 minut na něm smažte cibuli a česnek.
c) Přidejte máslo, sůl, pepř, víno a šťávu z mušlí.
d) Vařte 25 minut. Omáčka by se měla zredukovat a zahustit.
e) Vmíchejte škeble a vařte 5 minut.
f) Vložte linguini do misky a zalijte omáčkou ze škeblí.
g) Podávejte přelité vločkami červené papriky.

ANDĚLSKÉ VLASOVÉ TĚSTOVINY

40. Těstoviny z jedné pánve

Vyrábí: 5 porcí

SLOŽENÍ:

- 1-1/2 libry mletého krůtího masa
- 1 střední cibule, jemně nakrájená
- 1 středně sladká červená paprika, jemně nasekaná
- 1 plechovka (28 uncí) nakrájených rajčat, neodkapaných
- 1 plechovka (14-1/2 unce) na ohni pečených nakrájených rajčat, neodkapaných
- 1 plechovka (14-1/2 unce) hovězí vývar se sníženým obsahem sodíku
- 1 plechovka (4 unce) nakrájené houby, okapané
- 1 polévková lžíce baleného hnědého cukru
- 1 lžíce chilli prášku
- 8 uncí nevařených těstovin z andělských vlasů
- 1 šálek strouhaného sýra čedar

INSTRUKCE:

a) Ve velké litinové nebo jiné těžké pánvi opečte na středním ohni krocana, cibuli a pepř, dokud maso již není růžové; vypustit.

b) Přidejte rajčata, vývar, houby, hnědý cukr a chilli. Přivést k varu. Snižte teplo; dusíme odkryté 30 minut.

c) Přidejte těstoviny; vrátit k varu. Snižte teplo; zakryjte a vařte, dokud těstoviny nezměknou, 30-35 minut. Posypeme sýrem. Přikryjte a vařte, dokud se sýr nerozpustí, ještě 2-3 minuty.

41. Angel Hair Krevety Pečeme

SLOŽKA S :
- 1 balení (9 uncí) chlazené těstoviny andělské vlasy
- 1-1/2 libry nevařených středních krevet, oloupaných a zbavených
- 3/4 šálku rozdrobeného sýra feta
- 1/2 šálku strouhaného švýcarského sýra
- 1 sklenice (16 uncí) tlusté salsy
- 1/2 šálku strouhaného sýra Monterey Jack
- 3/4 šálku mleté čerstvé petrželky
- 1 lžička sušené bazalky
- 1 lžička sušeného oregana
- 2 velká vejce
- 1 šálek půl na půl smetany
- 1 šálek bílého jogurtu
- Nakrájená čerstvá petrželka, volitelné

INSTRUKCE:
a) V namazaném 13x9-in. zapékací mísu, navrstvit polovinu těstovin, krevety, sýr feta, švýcarský sýr a salsu. Opakujte vrstvy. Posypte sýrem Monterey Jack, petrželkou, bazalkou a oreganem.

b) V malé misce rozšlehejte vejce, smetanu a jogurt; přelít přes kastrol. Pečte odkryté při 350°, dokud teploměr neukáže 160°, 25-30 minut. Před podáváním nechte 5 minut odstát. Pokud chcete, přidejte nasekanou petrželku.

42. Pánev na krevety Scampi

SLOŽENÍ:
- 5 polévkových lžic másla
- 2 polévkové lžíce olivového oleje
- ½ celé střední cibule, nakrájené nadrobno
- 4 stroužky stroužky česneku, mleté
- 1-libra velké krevety, oloupané a zbavené
- ½ šálku bílého vína
- 4 čárky pálivá omáčka
- 2 celé citrony, odšťavněné
- Sůl a čerstvě mletý černý pepř, podle chuti
- 8 uncí, hmotnost Andělské těstoviny na vlasy
- Nakrájená čerstvá bazalka podle chuti
- Nasekaná čerstvá petržel, podle chuti
- ½ šálku čerstvého strouhaného parmazánu

INSTRUKCE:
a) Ve velké pánvi rozehřejte olivový olej a na středním plameni rozpusťte máslo. Přidejte cibuli
b) & česnek a vařte dvě nebo tři minuty, nebo dokud cibule nezprůhlední. Přidejte krevety, poté promíchejte a vařte několik minut. Vymačkejte citronovou šťávu. Přidejte víno, máslo, sůl a pepř a horkou omáčku. Podle potřeby můžete přidat více horké omáčky. Míchejte a snižte teplotu na minimum.
c) Do vroucí vody vhoďte těstoviny z andělských vlasů. Vařte, dokud není hotový/AL dente.
d) Sceďte a ponechte si šálek nebo dva těstovinové vody.
e) Odstraňte pánev z tepla. Přidejte těstoviny a promíchejte, pokud je třeba je zředit, přidejte troška vody z těstovin. Ochutnejte koření, v případě potřeby přidejte sůl a pepř.
f) Nalijte na velký servírovací talíř a posypte čerstvě nastrouhaným parmazánem a mletou petrželkou. Ihned podávejte. Užívat si.

NOKY

43.Smetanové kuře a gnocchi na jedné pánvi

Vyrábí: 4 porce
SLOŽENÍ:
- 1 1/2 lb. vykostěná kuřecí prsa bez kůže
- Kóšer sůl
- Čerstvě mletý černý pepř
- 2 lžíce extra panenského olivového oleje (rozděleno)
- 1 malá šalotka, nakrájená na kostičky
- 8 uncí. baby bella houby, nakrájené na plátky
- 2 stroužky česneku, mleté
- 2 lžičky lístky čerstvého tymiánu
- 1 lžička sušené oregáno
- 1 šálek kuřecího vývaru s nízkým obsahem sodíku
- 1 1/4 šálku půl na půl
- Špetka drcených vloček červené papriky
- 1 (17 oz.) balíček noků
- 3/4 šálku nakrájené mozzarelly
- 1/2 šálku čerstvě nastrouhaného parmezánu
- 3 šálky baleného baby špenátu

INSTRUKCE:
a) Kuře z obou stran osolíme a opepříme. Ve velké pánvi na středně vysokém ohni rozehřejte 1 lžíci oleje. Přidejte kuře a vařte, dokud nezezlátne, přibližně 4 minuty z každé strany. Vyjměte kuře z pánve.

b) Snižte teplotu na střední a přidejte zbývající 1 lžíci oleje. Přidejte šalotku a houby a vařte, dokud nezezlátnou, což trvá asi 5 minut. Přidejte česnek, tymián a oregano a vařte další minutu, dokud nezavoní. Zalijte kuřecím vývarem a seškrábněte všechny hnědé kousky ze dna pánve. Pomalu přidávejte půl na půl. Směs přivedeme k varu a dochutíme solí, pepřem a špetkou vloček červené papriky. Vmícháme noky a vrátíme kuře do pánve. Nechte ho vařit, dokud není kuře zcela propečené s vnitřní teplotou 165 °F, což by mělo trvat 8 až 10 minut. Občas promíchejte. Po upečení kuře vyjměte z pánve.

c) Přidejte mozzarellu a parmazán a míchejte, dokud se nerozpustí. Poté přidejte špenát a míchejte, dokud nezměkne.

d) Kuře naporcujte a vraťte na pánev. Podle chuti ještě dochuťte solí a pepřem.

44. Gnocchi s bylinkovým pestem

Vyrábí: 1 porce
SLOŽENÍ:
- 6 litrů Slaná voda
- Noky
- ½ šálku Kuřecí vývar nebo rezervovaná voda na vaření noků
- 3 polévkové lžíce Nesolené máslo
- 1 šálek Fazolové lusky
- 6 polévkových lžic Bylinkové pesto
- Sůl a pepř
- ½ šálku čerstvě nastrouhaného sýra Parmigiano-Reggiano

INSTRUKCE:
a) Osolenou vodu přivedeme k varu a poté přidáme noky. Noky vařte za mírného míchání do měkka asi 1 minutu poté, co vyplavou na povrch hrnce.
b) Mezitím ve velké hluboké pánvi přiveďte vývar a máslo k varu na středním plameni. Přidejte fazole a pesto a dochuťte solí a pepřem podle chuti. Přiveďte k varu a stáhněte z plotny.
c) Vyjměte noky z vody a přidejte na pánev. Prohřívejte, dokud se nepokryje omáčkou. Sundejte z ohně a vmíchejte sýr. Ihned podávejte.

45. Gnocchi ze šalvěje a mascarpone

Vyrábí: 12
SLOŽENÍ:
- 1 lb. máslová dýně
- 1/2 šálku nesoleného másla
- 1 hrnek sýra mascarpone
- 1 špetka kajenského pepře
- 1/2 šálku jemně nastrouhaného Parmigiano-Reggiano
- sůl a mletý černý pepř podle chuti
- sýr
- 1/4 šálku na tenké plátky nakrájených čerstvých listů šalvěje
- 2 velká vejce
- 1 polévková lžíce jemně nastrouhaného Parmigiano-Reggiano
- 1 1/2 lžičky soli
- sýr
- 1/2 lžičky mletého černého pepře
- 1 hrnek víceúčelové mouky, dělené

INSTRUKCE:

a) Máslovou dýni ořízněte a rozkrojte podélně napůl.
b) Do nádoby vhodné do mikrovlnné trouby vložte máslovou dýni.
c) Přikryjte misku plastovou fólií a vložte ji do mikrovlnné trouby po dobu asi 8 minut.
d) Dýni přendejte na talíř vyložený papírovou utěrkou, aby vychladla, a poté oloupejte slupku.
e) Do mísy přidejte sýr mascarpone, 1/2 šálku sýru Parmigiano-Reggiano, vejce, sůl a černý pepř a vyšlehejte do hladka.
f) Přidejte máslovou dýni a šlehejte, dokud se dobře nespojí.
g) Přidejte 1/2 šálku mouky a šlehejte, dokud se nespojí.
h) Přidejte zbývající 1/2 šálku mouky a míchejte, dokud se nespojí.
i) Necháme v chladu zakryté alespoň 8 hodin.
j) Do velké pánve nalijte osolenou vodu a přiveďte k varu.
k) Ve velké nepřilnavé pánvi rozpustíme asi 1/3 másla a stáhneme z ohně.
l) Odeberte asi 1 1/2 lžičky dýňového těsta a druhou lžící těsto roztlačte a vložte do vroucí vody.
m) Opakujte se zbývajícím těstem v dávkách.
n) Když noky vyplavou na hladinu vody, vařte ještě 1 minutu.
o) Dírkovou lžící přendejte noky do pánve na rozpuštěné máslo.
p) Pánev postavte na středně vysokou teplotu a gnocchi vařte asi 3 minuty.
q) Posypeme kajenským pepřem, solí a černým pepřem.
r) Noky otočte a vmíchejte lístky šalvěje.
s) Vařte asi 2-3 minuty.
t) Gnocchi přendejte na talíř a pokapejte je opraženým máslem z pánve.
u) Podávejte s ozdobou z 1 polévkové lžíce sýra Parmigiano-Reggiano.

FETTUCINI

46. Klasický Alfredo

Vyrábí: 8
SLOŽENÍ:
- 6 půlek kuřecích prsou bez kůže a kostí
- 3/4 lžičky mletého bílého pepře
- 3 C. mléko
- 6 polévkových lžic másla, rozdělených
- 1 šálek půl na půl
- 4 stroužky česneku, nasekané, rozdělené
- 3/4 C. strouhaný parmazán
- 1 polévková lžíce italského koření
- 8 uncí. strouhaný sýr Monterey Jack
- 1 lb. těstoviny fettuccini
- 3 rajčata Roma (švestka), nakrájená na kostičky
- 1 cibule, nakrájená na kostičky
- 1/2 šálku zakysané smetany
- 1 (8 oz.) balíček nakrájených hub
- 1/3 šálku univerzální mouky
- 1 polévková lžíce soli

INSTRUKCE:
a) Po obalení italským kořením ve 2 lžících másla se 2 kousky česneku zamíchejte kuře.
b) Maso za stálého míchání opékejte, dokud nebude úplně hotové, a poté vše odložte stranou.
c) Nyní vařte těstoviny ve vodě a soli po dobu 9 minut a poté odstraňte všechny tekutiny.
d) Za stálého míchání orestujte cibuli na 4 lžících másla spolu s houbami a dalšími 2 kousky česneku.
e) Pokračujte ve smažení směsi, dokud cibule není průhledná, a poté přidejte pepř, sůl a mouku.
f) Míchejte a vařte směs 4 minuty. Poté postupně přidávejte půl a půl a mléko a míchejte, dokud není vše hladké.
g) Smíchejte Monterey a parmazán a nechte směs vařit, dokud se sýr nerozpustí, poté přidejte kuře, zakysanou smetanu a rajčata.
h) Těstoviny podávejte hojně přelité kuřecí směsí a omáčkou.

47. Zapečené těstoviny Crimini

Vyrábí: 6
SLOŽENÍ:
- 8 crimini hub
- 1/3 šálku parmazánu, strouhaného
- 1 šálek růžičky brokolice
- 3 polévkové lžíce provensálských bylinek
- 1 šálek špenátu, čerstvý list, pečlivě zabalený
- 2 polévkové lžíce extra panenského olivového oleje
- 2 červené papriky, julien
- 1 polévková lžíce soli
- 1 velká cibule, nakrájená
- 1/2 lžičky pepře
- 1 šálek sýra mozzarella, nastrouhaný
- 1 šálek rajčatové omáčky
- 2/3 lb. těstoviny (dobře funguje fettuccine nebo penne)

INSTRUKCE:

a) Než cokoli uděláte, nastavte troubu na 450 F. Namažte pekáč olejem nebo sprejem na vaření.

b) Získejte velkou mixovací nádobu: Vhoďte do ní houby, brokolici, špenát, papriku a cibuli.

c) Přidejte 1 polévkovou lžíci olivového oleje, sůl, pepř a znovu je promíchejte.

d) Zeleninu rozprostřete do vymazané misky a pečte v troubě 10 minut.

e) Těstoviny vařte, dokud nebudou dente. Sceďte těstoviny a dejte je stranou.

f) Získejte velkou mixovací nádobu: Smíchejte 1 polévkovou lžíci olivového oleje s pečenou zeleninou, těstovinami, bylinkami a sýrem mozzarella. Rozložte směs zpět do kastrolu.

g) Navrch nasypte sýr a vařte 20 minut. Podávejte teplé a užívejte si.

48. Česnekové parmazánové těstoviny v jednom hrnci

SLOŽENÍ:

- 2 lžíce nesoleného másla
- 4 stroužky česneku, jemně nasekané
- 2 šálky kuřecího vývaru (470 ml)
- 1 šálek mléka (235 ml)
- 8 uncí fettuccinu (225 g)
- Sůl, podle chuti
- Pepř, podle chuti
- ¼ šálku strouhaného parmazánu (25 g)
- 2 lžíce čerstvé petrželky, nasekané

INSTRUKCE:

a) Ve velké pánvi rozehřejte nesolené máslo na středně vysokou teplotu. Přidejte nasekaný česnek a za častého míchání vařte, dokud nebude voňavý (přibližně 1-2 minuty).

b) Do pánve přidejte kuřecí vývar, mléko a fettuccine. Dochuťte solí a pepřem.

c) Směs přiveďte k varu, poté snižte plamen a za občasného míchání nechte vařit, dokud nejsou těstoviny uvařené (asi 18–20 minut).

d) Vmícháme nastrouhaný parmazán. Pokud je směs příliš hustá, upravte konzistenci přidáním dalšího mléka podle potřeby.

e) Ihned podáváme a ozdobíme čerstvě nasekanou petrželkou.

f) Užijte si toto chutné a přímočaré jídlo!

49.Kuřecí slanina Fettuccine Alfredo z jednoho hrnce

Dělá: 6 lidí

SLOŽENÍ:
- 8 proužků slaniny, nakrájené a oloupané tukem
- 2 velká kuřecí prsa, nakrájená na 1-palcové kousky
- 4 stroužky česneku, nasekané
- 2 lžičky košer soli
- 1 lžička pepře
- 6 1/2 šálků mléka (plnotučného nebo 2%); můžete použít i půl na půl
- 500 g (1 libra) suchých těstovin fettuccine
- 1 velká hlávka brokolice, nakrájená na růžičky s odstraněnou stopkou
- 1 šálek čerstvě nastrouhaného parmazánu

INSTRUKCE:
a) Ve velkém hrnci nebo hrnci opečte na středně vysokém ohni slaninu, dokud nebude křupavá.

b) Přidejte na kostičky nakrájené kuře a restujte, dokud není propečené. Přidejte nasekaný česnek a vařte, dokud nebude voňavý (přibližně 2 minuty). Dochuťte solí a pepřem.

c) Zalijeme mlékem, rozmícháme a přivedeme k mírnému varu. Okamžitě snižte plamen a přidejte těstoviny fettuccine.

d) Občas míchejte 5–6 minut nebo dokud těstoviny nezačnou měknout a ohýbat se. Přidejte brokolici, promíchejte a hrnec přikryjte pokličkou. Pokračujte ve vaření za občasného míchání, dokud nejsou těstoviny uvařené a nedosáhnou textury al dente (přibližně dalších 7 minut).

e) Vmícháme parmazán a mícháme, dokud se nerozpustí v omáčce. Pokud je omáčka příliš hustá, přidejte podle potřeby více mléka.

f) Podávejte s extra pepřem a parmazánem, pokud chcete.

g) Vychutnejte si zdravější verzi tohoto klasického jídla se vší chutí a menším povykem.

50. Houbový fettuccine

Množství: 8 porcí
SLOŽENÍ:
- 1/2 šálku másla Land O Lakes® (rozdělené)
- 2 stroužky čerstvého mletého česneku (nebo špetka česnekové soli)
- 16 uncí čerstvých nakrájených hub
- 1 šálek husté smetany ke šlehání
- 1 libra fettuccinu
- 1/2 šálku parmazánu
- 1 šálek odložené vody z těstovin
- 1 lžička soli (podle chuti)
- Čerstvě mletý černý pepř
- Čerstvá petrželka na polevu

INSTRUKCE:
a) Začněte čištěním hub. Ve velké pánvi rozpusťte 2 lžíce másla a přidejte česnek a houby. Duste, dokud houby nezměknou a nezískají tmavě hnědou barvu, což by mělo trvat přibližně 10–15 minut.
b) Do pánve přidejte smetanu a zbývající máslo. Necháme na mírném ohni provařit.
c) Zatímco se vaše houbová omáčka vaří, uvařte fettuccine ve velkém hrnci podle návodu na obalu. Jakmile je fettuccine uvařená, sceďte fettuccine, ponechte si malé množství vody z těstovin a vraťte ji do pánve.
d) Smíchejte houbovou omáčku s horkým fettuccine na pánvi. Vše promíchejte pomocí kleští. Přidejte parmazán a podle potřeby až 1 šálek odložené vody z těstovin, abyste dosáhli požadované konzistence. Dochuťte solí a čerstvě mletým pepřem.
e) Nyní se můžete postavit ke sporáku a dopřát si tento lahodný pokrm přímo z pánve. Je to tak dobré!

TĚSTOVINY RIGATONI

51. Kastrol Romano Rigatoni

Vyrábí: 6

SLOŽENÍ:
- 1 lb. mletá klobása
- 1/4 šálku sýra Romano, strouhaného
- 1 (28 oz.) plechovka rajčatové omáčky italského typu
- nasekanou petrželkou, na ozdobu
- 1 (14 1/2 oz.) plechovky fazolí cannellini, scezené a propláchnuté
- 1 (16 oz.) BOX těstoviny rigatoni
- 1/2 lžičky mletého česneku
- 1 lžička italského koření
- 3 C. strouhaný sýr mozzarella

INSTRUKCE:

a) Než cokoli uděláte, nastavte troubu na 350 F. Vymažte velkou zapékací misku trochou másla nebo oleje.

b) Umístěte velký hrnec na střední teplotu. Přidejte česnek s klobásami a vařte je 6 minut.

c) Přidejte rajčatovou omáčku, fazole a italské koření a vařte je 5 minut na mírném ohni.

d) Těstoviny uvaříme podle návodu výrobce. Sceďte těstoviny a vložte je do hrnce.

e) Nalijte polovinu směsi klobásových těstovin do vymazaného kastrolu a posypte polovinou sýra mozzarella. Opakujte postup a vytvořte další vrstvu.

f) Kastrol posypte sýrem romano a položte na něj kousek alobalu. Kastrol na rigatoni pečte v troubě 26 minut.

g) Podávejte své rigatoni teplé.

52.Veganská bazalka Rigatoni

Vyrábí: 6

SLOŽENÍ:
- 1 1/2 (8 oz.) balení těstovin rigatoni
- 6 lístků čerstvé bazalky, nakrájené na tenké plátky
- 2 polévkové lžíce olivového oleje
- 6 snítek čerstvého koriandru, mletého
- 2 stroužky česneku, mleté
- 1/4 šálku olivového oleje
- 1/2 (16 oz.) balení tofu, okapané a nakrájené na kostky
- 1/2 lžičky sušeného tymiánu
- 1 1/2 lžičky sójové omáčky
- 1 malá cibule, nakrájená na tenké plátky
- 1 velké rajče, nakrájené na kostičky
- 1 mrkev, nakrájená

INSTRUKCE:

a) Těstoviny uvaříme podle návodu na obalu.

b) Umístěte velkou pánev na střední teplotu. Rozehřejte v něm 2 polévkové lžíce olivového oleje. Přidejte česnek a vařte 1 minutu 30 sekund.

c) Vmícháme tymián s tofu. Vařte je 9 min. Vmíchejte sójovou omáčku a vypněte oheň.

d) Získejte velkou mixovací nádobu: Vhoďte do ní rigatoni, směs tofu, cibuli, rajčata, mrkev, bazalku a koriandr. Těstovinový salát pokapejte olivovým olejem a podávejte.

LOKETNÍ MAKARONKY

53. BLT těstovinový salát

Vyrábí: 6
SLOŽENÍ:
- 2 šálky loketních makaronů
- 1 ¼ šálku majonézy
- 2 polévkové lžíce balzamikového octa
- 1 šálek rozpůlených cherry rajčat
- ¼ šálku nakrájené červené papriky
- 3 polévkové lžíce nasekané jarní cibulky
- ½ šálku strouhaného sýra Cheddar
- Sůl a pepř na dochucení
- ½ lžičky kopru
- 10 plátků slaniny
- 8 uncí. nakrájený římský salát

INSTRUKCE:
a) Makaróny vařte v hrnci s osolenou vodou 10 minut. Sceďte a přendejte do salátové mísy.
b) K makaronům přidejte majonézu, balzamikový ocet, rajčata, papriku, jarní cibulku, sýr, sůl, pepř a kopr a dobře promíchejte, aby se spojily.
c) Nechejte 3 hodiny chladit.
d) Slaninu opékejte 10 minut, dokud nebude křupavá.
e) Slaninu sceďte a nechte vychladnout, poté slaninu rozdrobte.
f) Salát poklademe rozdrobenou slaninou.
g) Podáváme na římském salátu.

54. Špenát a artyčok mac-and-cheese

Dělá: 6 až 8
SLOŽENÍ:
- 6 lžic slaného másla, pokojové teploty, plus další na mazání
- 1 (1-libra) krabice krájených těstovin, jako jsou makarony
- 2 šálky plnotučného mléka
- 1 (8 uncí) balení smetanového sýra, kostky
- 3 šálky strouhaného ostrého sýra čedar
- Kosher sůl a čerstvě mletý pepř
- Mletý kajenský pepř
- 2 šálky baleného čerstvého baby špenátu, nakrájeného
- 1 (8 uncí) sklenice marinovaných artyčoků, okapaných a nahrubo nakrájených
- 1½ šálku drcených sušenek Ritz (asi 1 rukáv)
- ¾ lžičky česnekového prášku

INSTRUKCE:
a) Předehřejte troubu na 375 °F. Vymažte zapékací mísu o velikosti 9 × 13 palců.
b) Ve velkém hrnci přiveďte k varu 4 hrnky osolené vody na prudkém ohni. Přidejte těstoviny a vařte za občasného míchání 8 minut. Vmíchejte mléko a smetanový sýr a vařte, dokud se smetanový sýr nerozpustí a těstoviny nejsou al dente, ještě asi 5 minut.
c) Sundejte pánev z plotny a vmíchejte 2 šálky čedaru a 3 lžíce másla. Dochuťte solí, pepřem a kajenským pepřem. Vmícháme špenát a artyčoky. Pokud se vám omáčka zdá příliš hustá, přidejte ¼ šálku mléka nebo vody na zředění.
d) Směs přendáme do připraveného pekáčku. Doplňte zbývajícím 1 šálkem čedaru.
e) Ve střední misce smíchejte krekry, zbývající 3 lžíce másla a česnekový prášek. Na mac a sýr rovnoměrně posypte drobky.
f) Pečte, dokud omáčka nebublá a drobenka nezezlátne, asi 20 minut. Necháme 5 minut vychladnout a podáváme. Veškeré zbytky skladujte v chladničce ve vzduchotěsné nádobě po dobu až 3 dnů.

55.Chilli Mac kastrol

SLOŽENÍ:

- 1 šálek nevařených loketních makaronů
- 2 libry libového mletého hovězího masa (90 % libového)
- 1 střední cibule, nakrájená
- 2 stroužky česneku, nasekané
- 1 plechovka (28 uncí) nakrájených rajčat, neodkapaných
- 1 plechovka (16 uncí) fazolí, propláchnutých a scezených
- 1 plechovka (6 uncí) rajčatové pasty
- 1 plechovka (4 unce) nakrájených zelených chilli papriček
- 1-1/4 lžičky soli
- 1 lžička chilli prášku
- 1/2 lžičky mletého kmínu
- 1/2 lžičky pepře
- 2 šálky strouhané směsi mexického sýra se sníženým obsahem tuku
- Zelená cibule nakrájená na tenké plátky, volitelné

INSTRUKCE:

a) Makarony uvařte podle návodu na obalu. Mezitím na velké nepřilnavé pánvi vařte na středním plameni hovězí maso, cibuli a česnek, dokud maso není růžové, maso se láme na drobky; vypustit. Vmíchejte rajčata, fazole, rajčatový protlak, chilli papričky a koření. Sceďte makarony; přidáme do hovězí směsi.

b) Přeneste na 13x9 palců. zapékací mísa potažená sprejem na vaření. Zakryjte a pečte při 375 ° do bublinky, 25-30 minut. Odhalit; posypat sýrem. Pečte, dokud se sýr nerozpustí, o 5–8 minut déle. Pokud chcete, přidejte na plátky nakrájenou zelenou cibulku.

ZITI TĚSTOVINY

56. Pečená Ziti

Vyrábí: 10

SLOŽENÍ:
- 1 lb. ziti těstoviny
- 1 polévková lžíce olivového oleje
- 1 lb mletého hovězího masa
- Sůl a pepř na dochucení
- ½ lžičky česnekové soli
- ½ lžičky česnekového prášku
- 1 nakrájená cibule
- 6 šálků rajčatové omáčky
- ½ lžičky oregana
- ½ lžičky bazalky
- 1 šálek sýra ricotta
- 1 rozšlehané vejce
- 1 šálek. strouhaný sýr mozzarella
- ¼ šálku strouhaného sýra pecorino

INSTRUKCE:
a) Ziti vařte v hrnci s osolenou vodou 10 minut. Vypusťte vodu.
b) V hrnci rozehřejte olivový olej.
c) Hovězí maso ochutíme solí, pepřem, česnekovou solí a česnekovým práškem.
d) V hrnci opékejte maso a cibuli po dobu 5 minut.
e) Zalijeme rajčatovou omáčkou a dochutíme oreganem a bazalkou.
f) Vařte 25 minut.
g) Předehřejte troubu na 350 stupňů.
h) Vejce a sýr ricotta vyšlehejte dohromady.
i) Posypeme sýrem pecorino.
j) Polovinu těstovin a polovinu omáčky přendejte do zapékací mísy.
k) Přidejte polovinu sýra ricotta.
l) Navrch dejte polovinu sýra mozzarella.
m) Vytvořte další vrstvu těstovin, omáčky a mozzarelly.
n) Pečte 25 minut. Sýry by měly být bublinkové.

57.Pečeme Provolone Ziti

Já INGREDIENCE :

- 1 lžíce olivového oleje
- 1 střední cibule, nakrájená
- 3 stroužky česneku, nasekané
- 2 plechovky (každá 28 uncí) italských drcených rajčat
- 1-1/2 šálku vody
- 1/2 šálku suchého červeného vína nebo vývaru se sníženým obsahem sodíku
- 1 lžíce cukru
- 1 lžička sušené bazalky
- 1 balení (16 uncí) ziti nebo malé trubkové těstoviny
- 8 plátků sýra provolone

INSTRUKCE:

a) Předehřejte troubu na 350°. V 6-qt. v hrnci zahřejte olej na středně vysokou teplotu. Přidejte cibuli; vaříme a mícháme 2-3 minuty nebo do změknutí. Přidejte česnek; vaříme o 1 minutu déle. Vmícháme rajčata, vodu, víno, cukr a bazalku. Přivést k varu; odstranit z tepla. Vmíchejte nevařenou ziti.

b) Přeneste na 13x9 palců. zapékací mísa potažená sprejem na vaření. Pečeme přikryté 1 hodinu. Navrch dáme sýr. Pečte odkryté o 5–10 minut déle, nebo dokud ziti nezměkne a sýr se nerozpustí.

58.Hovězí Ziti kastrol

Množství: 1 porce

SLOŽENÍ:
- 8 uncí nevařených Ziti makaronů
- 1 plechovka (16 oz.) nakrájených zelených fazolí, okapaná
- 1 plechovka (11 oz.) kukuřice Green Giant Niblets, okapaná
- 1 libra mletého hovězího masa
- 2 plechovky (10 3/4 oz. každá) Campbellovy kondenzované zlaté houbové polévky
- 1 plechovka (14 1/2 oz.) rajčat Del Monte Stewed (husté těstoviny nebo italský způsob, jak preferujete)
- 1 lžička drcených sušených listů bazalky
- ¼ lžičky pepře
- ½ lžičky česnekového prášku
- 2 šálky strouhaného ostrého čedaru

INSTRUKCE:
a)   Předehřejte troubu na 400 stupňů.
b)   Ziti makaróny uvařte podle návodu na obalu a poté sceďte.
c)   Uvařenou Ziti a okapané zelené fazolky a kukuřici vraťte do hrnce používaného pro Ziti.
d)   V 10palcové pánvi na středním ohni osmahněte mleté hovězí maso a míchejte, aby se rozlomilo; pak slijte tuk.
e)   Do uvařeného hovězího vmícháme zlatou houbovou polévku, dušená rajčata, sušenou bazalku, pepř a česnek. Směs důkladně prohřejte.
f)   Přidejte polévkovou směs ke směsi Ziti a zeleniny a dobře promíchejte.
g)   Lžící nalijte směs do vymazané zapékací mísy o rozměrech 13 x 9 palců.
h)   Zakryjte misku alobalem a pečte 15 minut.
i)   Kastrol odkryjte, posypte strouhaným sýrem a pečte dalších 5 minut, nebo dokud se sýr nerozpustí. Užívat si!

59.Pečená Ziti

Počet porcí: 6 porcí
SLOŽENÍ:
- 1 libra vařené Ziti
- 1 libra vařeného mletého hovězího masa
- 1 balení (15 uncí) sýru Ricotta
- ¼ šálku petrželky
- ½ šálku parmazánu
- 1 vejce
- 2 šálky strouhaného sýra Mozzarella
- 3 šálky omáčky dle vlastního výběru

INSTRUKCE:
a) V míse smíchejte sýr Ricotta, vejce, petržel a parmazán.
b) Uvařený hamburger s touto sýrovou směsí opatrně promícháme.
c) Ke směsi přidejte uvařenou Ziti a dobře promíchejte.
d) Vmíchejte ¾ omáčky dle vašeho výběru.
e) Směs rozprostřete do pekáče.
f) Navrch nalijte zbývající omáčku.
g) Omáčku posypeme strouhaným sýrem Mozzarella.
h) Pečte při 350 °F po dobu 30-35 minut, nebo dokud to nezačne bublat a sýr se rozpustí a lehce zhnědne.
i) Užijte si lahodnou pečenou Ziti!

60.Ziti klobása pečeme

Množství: 1 porce
SLOŽENÍ:
- 8 uncí Ziti, vařené podle pokynů na obalu
- 4 články italské klobásy (pálivá nebo sladká nebo kombinace obojího)
- 1¾ šálků půl na půl
- 1½ šálku strouhaného sýra Fontina
- ½ šálku nakrájené zelené papriky (volitelně)
- Sůl a pepř na dochucení
- ¼ šálku strouhaného italského sýra

INSTRUKCE:
a) Ziti uvaříme podle návodu na obalu a scedíme.
b) Vyjměte klobásu z obalu, rozdrobte ji a opečte ji na pánvi. Přebytečný tuk slijte.
c) Přidejte opečenou klobásu k uvařeným těstovinám spolu s nakrájenou paprikou (pokud ji používáte), 1 šálkem půl na půl, 1 šálkem sýra Fontina a strouhaným italským sýrem. Vše smícháme dohromady.
d) Nalijte směs do máslem vymazané zapékací misky o rozměrech 13 x 9 palců.
e) Zakryjte misku a pečte ji při 350 ° F po dobu 20 minut.
f) Mísu odkryjte a položte na ni zbývající půl na půl a sýr Fontina.
g) Pečte dalších 10 minut, nebo dokud se sýr nerozpustí a pokrm nebude bublat.
h) Před podáváním nechte 5 minut odstát.
i) Užijte si Ziti Sausage Bake!

ŠPAGETOVÉ TĚSTOVINY

61. Pesto krevety s těstovinami

Vyrábí: 4
SLOŽENÍ:
- 8 uncí. špagety
- 2 nasekané stroužky česneku
- Sůl podle chuti
- 1 polévková lžíce olivového oleje
- 8 uncí. chřest
- 1 šálek nakrájených bílých hub
- ¾ libry oloupaných a zbavených krevet
- ⅛ lžičky červené papriky
- ¼ šálku pesta – nebo si připravte vlastní
- 2 lžíce strouhaného parmazánu

INSTRUKCE:
a) Špagety vložíme do hrnce s vroucí osolenou vodou a vaříme 10 minut.
b) Sceďte špagety, ale část vody z těstovin si nechte stranou.
c) Na pánvi rozehřejte olivový olej.
d) Česnek, chřest a houby restujte 5 minut nebo dokud nezměknou.
e) Přidejte krevety na pánev a dochuťte červenou paprikou
f) Vařte 5 minut.
g) Pokud je potřeba tekutina, přidejte několik lžic vody z těstovin.
h) Smíchejte pesto omáčku a parmazán.
i) Do krevet vmícháme pesto.
j) Vařte 5 minut
k) Podávejte přes špagety.

62.Tuňákové těstoviny

Vyrábí: 4
SLOŽENÍ:
- 2 polévkové lžíce olivového oleje
- 1 (7 oz.) plechovka tuňáka v oleji, scezená
- 1 filet sardele
- 1/4 šálku nakrájené čerstvé ploché listové petrželky
- 2 polévkové lžíce kapary
- 1 (12 oz.) balíček špaget
- 3 stroužky prolisovaného česneku
- 1 polévková lžíce extra panenského olivového oleje nebo podle chuti
- 1/2 šálku suchého bílého vína
- 1/4 šálku čerstvě nastrouhaného Parmigiano-Reggiano
- 1/4 lžičky sušeného oregana
- sýr, nebo podle chuti
- 1 špetka vloček červené papriky nebo podle chuti
- 1 polévková lžíce na kostičky nakrájené čerstvé plocholisté petrželky, nebo podle chuti 3 C. drcená italská (švestková) rajčata
- sůl a mletý černý pepř podle chuti
- 1 špetka kajenského pepře nebo podle chuti

INSTRUKCE:
a) Za stálého míchání opékejte kapary a ančovičky na olivovém oleji po dobu 4 minut, poté přidejte česnek a pokračujte ve smažení směsi další 2 minuty.
b) Nyní přidejte pepřové vločky, bílé víno a pomeranč.
c) Směs promíchejte a zvyšte teplotu.
d) Nechte směs vařit po dobu 5 minut, než přidáte rajčata a přivedete směs k mírnému varu.
e) Jakmile se směs vaří, přidejte: kajenský pepř, černý pepř a sůl.
f) Snižte teplotu a nechte vše vařit 12 minut.
g) Nyní začněte vařit těstoviny ve vodě a soli po dobu 10 minut, poté odstraňte všechny tekutiny a nechte těstoviny v pánvi.
h) Dusící rajčata spojte s těstovinami a na hrnec přikryjte pokličkou. S nízkou úrovní tepla zahřejte vše po dobu 4 minut.
i) Když podáváte těstoviny, posypte je parmigiano-reggiano, petrželkou a olivovým olejem.

63. Slunečné horké špagety

Vyrábí: 2
SLOŽENÍ:
- 2 1/2 šálku vařených špaget
- 1 lžička oregana
- 1/4 šálku olivového oleje
- 1 lžička česnekových granulí nebo 2 lžíce čerstvého česneku
- 8 feferonek, jemně nasekaných
- 1/2 šálku omáčky na špagety

INSTRUKCE:
a) Umístěte velkou pánev na střední teplotu. Rozehřejte v něm olej. Přidejte bylinky s paprikou a vařte je 4 minuty.
b) Vmíchejte omáčku s uvařenými špagetami a vařte 3 minuty.
c) Špagety podávejte hned teplé.
d) Užívat si.

64. Boloňské špagety pečeme na pánvi

Počet porcí: 6 porcí
SLOŽENÍ:
- 12 uncí (340 g) špaget
- 1 libra (450 g) mletého hovězího masa
- 1 střední cibule, jemně nakrájená
- 2 stroužky česneku, mleté
- 28-uncová plechovka drcených rajčat
- 2 lžíce rajčatového protlaku
- 1 lžička sušeného oregana
- 1 lžička sušené bazalky
- ½ lžičky vloček červené papriky
- Sůl a černý pepř, podle chuti
- ¼ šálku červeného vína (volitelné)
- Listy čerstvé bazalky na ozdobu
- Olivový olej na mazání

INSTRUKCE:

a) Předehřejte troubu na 375 °F (190 °C).

b) Ve velkém hrnci s vroucí osolenou vodou uvařte špagety podle návodu na obalu, dokud nejsou al dente. Sceďte a dejte stranou.

c) Ve velké pánvi vhodné do trouby rozehřejte na středně vysokou teplotu trochu olivového oleje. Přidejte nakrájenou cibuli a vařte, dokud nebudou průsvitné, asi 2-3 minuty.

d) Přidejte mleté hovězí maso na pánev a vařte, rozbíjejte ho lžící, dokud nezhnědne a již není růžové, asi 5-7 minut. Pokud je přebytečný tuk, slijte ho.

e) Vmíchejte prolisovaný česnek a vařte další 1-2 minuty, dokud nebude voňavý.

f) Přidejte drcená rajčata, rajčatový protlak, sušené oregano, sušenou bazalku, vločky červené papriky, sůl a černý pepř. Pokud používáte červené víno, nalijte ho v této fázi. Dobře promíchejte, aby se všechny ingredience spojily a omáčku přiveďte k mírnému varu.

g) Necháme vařit asi 10 minut, aby se chutě propojily a omáčka lehce zhoustla.

h) Uvařené špagety vhoďte do pánve a důkladně je promíchejte s boloňskou omáčkou. Odstraňte z tepla.

i) Pánev přendáme do předehřáté trouby a pečeme asi 20-25 minut.

j) Jakmile je pánev upečená z trouby, ozdobte ji lístky čerstvé bazalky a podávejte.

65. Hřebenatky se špagetami

Vyrábí: 4
SLOŽENÍ:
- 8 uncí. špagety
- ⅓ šálku suchého bílého vína
- 3 polévkové lžíce másla
- 1 lb. hřebenatka hnědá
- 4 nasekané stroužky česneku
- 1 špetka vloček červené papriky
- 1 šálek husté smetany
- Sůl a pepř na dochucení
- Šťáva z půlky citronu
- ¼ šálku strouhaného Pecorino-Romano

INSTRUKCE:

a) V hrnci s osolenou vodou vařte špagety 10 minut. Sceďte a dejte stranou.

b) Ve velké pánvi rozehřejte máslo.

c) Přidejte mušle v jedné vrstvě a opékejte 2 minuty na středním plameni.

d) Otočte mušle a opékejte na druhé straně ještě 1 minutu.

e) Vmíchejte česnek, vločky červené papriky a víno a vařte 1 minutu. Hřebenatky určitě nepřevařte.

f) Dochutíme solí, pepřem a šťávou z půlky citronu.

g) Špagety vmícháme do pánve a spojíme s mušlemi.

h) Vařte 2 minuty a posypte strouhaným sýrem.

66. Slunečné horké špagety

Vyrábí: 2
SLOŽENÍ:
- 2 1/2 šálku vařených špaget
- 1 lžička oregana
- 1/4 šálku olivového oleje
- 2 polévkové lžíce čerstvého česneku
- 8 feferonek, jemně nasekaných
- 1/2 šálku omáčky na špagety

INSTRUKCE:
a) Umístěte velkou pánev na střední teplotu. Rozehřejte v něm olej. Přidejte bylinky s paprikou a vařte je 4 minuty.
b) Vmíchejte omáčku s uvařenými špagetami a vařte 3 minuty.
c) Špagety podávejte hned teplé.

67.Kuřecí Tetrazzini

SLOŽKA S :
- 8 uncí nevařených špaget
- 2 lžičky plus 3 lžíce másla, rozdělené
- 8 proužků slaniny, nakrájené
- 2 šálky nakrájených čerstvých hub
- 1 malá cibule, nakrájená
- 1 malá zelená paprika, nakrájená
- 1/3 šálku univerzální mouky
- 1/4 lžičky soli
- 1/4 lžičky pepře
- 3 hrnky kuřecího vývaru
- 3 šálky nahrubo nastrouhaného grilovaného kuřete
- 2 šálky mraženého hrášku (asi 8 uncí)
- 1 sklenice (4 unce) nakrájené pimientos, okapané
- 1/2 šálku strouhaného sýra Romano nebo parmazánu

INSTRUKCE:
a) Předehřejte troubu na 375°. Špagety uvařte podle návodu na obalu al dente. Drain; přeneste na namazaný 13x9-in. pekáč. Přidejte 2 lžičky másla a promíchejte, abyste obalili.

b) Mezitím ve velké pánvi za občasného míchání opečte slaninu na středním ohni dokřupava. Odstraňte děrovanou lžící; sceďte na papírové ubrousky. Odkapávání zlikvidujte, 1 polévkovou lžíci si odložte na pánev. Přidejte houby, cibuli a zelený pepř do kapání; vařte a míchejte na středně vysokém ohni 5–7 minut nebo do změknutí. Odstraňte z pánve.

c) Ve stejné pánvi rozehřejte zbývající máslo na středním plameni. Vmíchejte mouku, sůl a pepř, dokud nebude hladká; postupně zašleháme vývar. Za občasného míchání přiveďte k varu; vařte a míchejte 3–5 minut nebo do mírného zhoustnutí. Přidejte kuřecí maso, hrášek, pimientos a houbovou směs; za občasného míchání prohřejeme. Lžící na špagety. Posypeme slaninou a sýrem.

d) Pečte odkryté 25–30 minut nebo dozlatova. Před podáváním nechte 10 minut odstát.

68. Pečené rigatoni a masové kuličky

SLOŽKA S :

- 3½ šálku těstovin Rigatoni
- 1⅓ šálku mozzarelly, nastrouhané
- 3 lžíce čerstvě nastrouhaného parmazánu
- 1 libra Štíhlý mletý krocan

INSTRUKCE:

a) Masové kuličky: V míse rozšleháme vejce; vmícháme cibuli, strouhanku, česnek, parmezán, oregano, sůl a pepř. Vmíchejte krocana.

b) Z vrchovaté polévkové lžíce tvarujte kuličky.

c) Ve velké pánvi rozehřejte olej na středně vysokou teplotu; vařte masové kuličky, v případě potřeby po dávkách, 8–10 minut nebo dokud ze všech stran nezhnědnou.

d) Do pánve přidejte cibuli, česnek, houby, zelený pepř, bazalku, cukr, oregano, sůl, pepř a vodu; vařte na středním plameni za občasného míchání asi 10 minut nebo dokud zelenina nezměkne. Vmíchejte rajčata a rajčatový protlak; přivést k varu. Přidejte masové kuličky

e) Mezitím ve velkém hrnci s vroucí osolenou vodou uvařte rigatoni . Přeneste do zapékací mísy o rozměrech 11 x 7 palců nebo do mělkého kastrolu v troubě na 8 šálků.

f) Navrch rovnoměrně posypeme mozzarellou a poté parmazánem. Upéct

69. Rychlá pánev na špagety

Vyrábí: 4
SLOŽENÍ:
- 1 lb. mletý krocan
- 1/2 lžičky vloček červené papriky
- 2 stroužky česneku, nasekané
- 8 uncí. nevařené špagety, rozlámané na třetiny
- 1 malá zelená paprika, nakrájená
- parmazán
- 1 malá cibule, nakrájená
- 2 C. voda
- 1 (28 oz.) sklenice na tradiční špagety
- omáčka

INSTRUKCE:
a) Umístěte velký kastrol na střední teplotu. Vařte v něm krůtu s česnekem, cibulí a zeleným pepřem 8 minut.
b) Přidejte vodu s vločkami feferonky, omáčkou na špagety, špetkou soli a pepře.
c) Vařte je, dokud se nezačnou vařit. Přidejte špagety do hrnce.
d) Přiveďte k varu po dobu 14 až 16 minut nebo dokud nejsou těstoviny hotové.
e) Získejte mixovací nádobu:
f) Užívat si.

70. Lehké špagety

Vyrábí: 4
SLOŽENÍ:
- 12 oz. špagety
- 1 polévková lžíce olivového oleje
- 1 lb mletého hovězího masa
- 1 nakrájená cibule
- 3 nasekané stroužky česneku
- Sůl a pepř na dochucení
- 1 lžička cukru
- ¼ lžičky kurkumy
- 2 polévkové lžíce rajčatového protlaku
- 2 šálky rajčatové omáčky
- 1 lžička italského koření

INSTRUKCE:
a) Těstoviny připravte v hrnci s vroucí osolenou vodou na 10 minut. Sceďte a dejte stranou.
b) Ve velké pánvi rozehřejte olivový olej.
c) Smažte cibuli a česnek po dobu 5 minut.
d) Vmíchejte mleté hovězí maso, sůl, pepř a kurkumu a dobře promíchejte.
e) Přidejte rajčatovou pastu, rajčatovou omáčku a italské koření.
f) Vařte 45 minut.
g) Přidejte špagety a promíchejte s omáčkou.

71.Krevety Lo Mein

Vyrábí: 2
SLOŽENÍ:
- 8 uncí. špagety
- ¼ šálku sójové omáčky
- 3 polévkové lžíce ústřicové omáčky
- 1 polévková lžíce medu
- ½ palce nastrouhaného zázvoru
- 1 polévková lžíce olivového oleje
- 1 nakrájená červená paprika
- 1 nakrájená malá cibule
- ½ šálku nasekaných vodních kaštanů
- ½ šálku nakrájených cremini žampionů
- 3 nasekané stroužky česneku
- 1 lb. oloupané a zbavené čerstvé krevety
- 2 rozšlehaná vejce

INSTRUKCE:
a) V hrnci s osolenou vodou vařte špagety 10 minut. Vypusťte vodu.
b) Smíchejte sójovou omáčku, ústřicovou omáčku, med a zázvor v misce.
c) Ve velké pánvi rozehřejte olivový olej.
d) Papriku, cibuli, vodní kaštany, houby restujte 5 minut.
e) Vmíchejte česnek a krevety a míchejte další 2 minuty.
f) Přesuňte ingredience na jednu stranu pánve a na druhé straně míchejte vejce po dobu 5 minut.
g) Přidejte špagety a omáčku a kombinujte všechny ingredience po dobu 2 minut.

72.Kuřecí Tetrazzini

Vyrábí: 8
SLOŽENÍ:
- 8 uncí. špagety
- 1 polévková lžíce olivového oleje
- 4 nakrájená kuřecí prsa
- Sůl a pepř na dochucení
- 1 šálek čerstvých nakrájených hub
- 1 nakrájená červená paprika
- 1 nakrájená cibule
- 4 nasekané stroužky česneku
- ¼ šálku másla
- 3 polévkové lžíce mouky
- ½ lžičky tymiánu
- 1 hrnek kuřecího vývaru
- 1 šálek půl na půl
- ¼ šálku bílého vína
- ½ lžičky česnekové soli
- ½ lžičky oregana
- Pepř podle chuti
- ½ šálku směsi strouhaného italského sýra

INSTRUKCE:
a) Špagety vaříme v hrnci s vroucí osolenou vodou 10 minut.
b) Ve velké pánvi rozehřejte olej.
c) Na pánvi orestujte papriku, žampiony, cibuli a česnek a restujte 5 minut, dokud zelenina nezměkne a kuře už nebude růžové.
d) Na pánvi rozpustíme máslo a vmícháme mouku.
e) Pokračujte v míchání, dokud nevznikne pasta.
f) Za stálého míchání pomalu přilévejte vývar, půl na půl a víno.
g) Omáčku dochutíme pepřem, oreganem a tymiánem.
h) Vmíchejte směs italského sýra a míchejte 5 minut, dokud se sýr nerozpustí.
i) Přidejte osmahnutou zeleninu a vařte 5 minut.

73. Pánev na těstoviny

Vyrábí: 4
SLOŽENÍ:
- 1/2 libry libového mletého hovězího masa
- 2 celerová žebra, nakrájená na plátky
- 1/4 lb. volně ložená italská klobása
- 4 unce. nevařené špagety, rozlomené napůl
- 2 (8 oz.) plechovky rajčatová omáčka bez přidané soli
- 1/4 lžičky sušeného oregana
- 1 (14 1/2 oz.) plechovek dušených rajčat
- sůl a pepř
- 1 šálek vody
- 1 (4 oz.) plechovky houbových stonků a kusů,
- vyčerpaný

INSTRUKCE:
a)   Umístěte pánev na střední teplotu. Osmahneme v ní klobásu s hovězím masem . Vyhoďte tuk.
b)   Vmíchejte zbytek ingrediencí. Vařte je, dokud se nezačnou vařit. Přiklopte pokličkou a nechte 15 až 17 minut vařit.
Podávejte teplou pánev na těstoviny. Ozdobte nasekanými bylinkami.

74. Kuřecí těstoviny na pánvi

Vyrábí: 2 porce
SLOŽENÍ:
- ½ (8 uncí) balení špaget
- 2 lžíce olivového oleje
- 8 švestkových rajčat (blank)s roma (švestkových) rajčat, rozpůlených a nakrájených na plátky • 1 lžička česnekového prášku
- ½ lžičky sušeného oregana
- 2 lžičky sušené bazalky
- 1 špetka soli
- 1 lžička mletého černého pepře
- 1 ½ lžičky bílého cukru
- 1 lžíce kečupu
- 3 lžíce olivového oleje
- 2 kuřecí prsa bez kůže a kostí, nakrájená na tenké nudličky
- 2 stroužky česneku, rozdrcené
- 1 zelená paprika, nakrájená
- 1 červená paprika, nakrájená
- 1 červená cibule, nakrájená
- 1 šálek nakrájených čerstvých hub
- ¼ šálku strouhaného parmazánu

INSTRUKCE:
a) Přiveďte k varu velký hrnec s vodou na vysokou teplotu. Vmícháme špagety a vrátíme k varu. Těstoviny vařte, dokud nejsou uvařené, ale stále pevné na skus, asi 6–8 minut. Dobře sceďte a udržujte v teple.
b) Rozehřejte 2 lžíce oleje ve velké pánvi na středním plameni. Vmíchejte rajčata; vaříme, dokud nezměknou a nezačnou se rozpadat. Vmíchejte česnekový prášek, oregano, bazalku, sůl, pepř, cukr a kečup. Omáčku prohřejte a rezervujte.
c) Zahřejte zbývající 3 lžíce oleje v samostatné litinové pánvi na středním ohni. Vmíchejte kuře; vaříme do zhnědnutí. Vmíchejte prolisované stroužky česneku; vařte ještě 1 minutu.
d) Vyjměte kuře z pánve a rezervujte. Změňte teplotu na vysokou. Na pánev vmícháme zelenou papriku, červenou papriku, cibuli a houby a vaříme, dokud nezačnou měknout. Vmícháme opečené kuře. Zapněte oheň na střední a vařte, dokud kuře není uprostřed růžové a zelenina propečená, asi 5 minut.
e) Kuře a zeleninu promíchejte s rajčatovou omáčkou a horkými těstovinami.
f) Podáváme posypané parmazánem.

75. Těstoviny alla Norma Skillet Bake

Počet porcí: 4-6 porcí
SLOŽENÍ:
- 12 uncí (340 g) špaget
- 2 středně velké lilky, nakrájené na ¼-palcová kolečka
- 3 lžíce olivového oleje
- 1 malá cibule, nakrájená nadrobno
- 2 stroužky česneku, mleté
- 28-uncová plechovka drcených rajčat
- 1 lžíce červeného vinného octa (volitelně)
- 1 lžička sušeného oregana
- ½ lžičky vloček červené papriky (upravte podle chuti)
- Sůl a černý pepř, podle chuti
- ¼ šálku čerstvých lístků bazalky, natrhaných na kousky
- 1 ½ šálku strouhaného sýra mozzarella
- ½ šálku strouhaného parmazánu nebo pecorina
- Olivový olej na mazání

INSTRUKCE:
a) Předehřejte troubu na 375 °F (190 °C).
b) Těstoviny vařte podle návodu na obalu, dokud nebudou al dente. Sceďte a dejte stranou.
c) Zatímco se těstoviny vaří, předehřejte gril nebo grilovací pánev.
d) Plátky lilku potřete olivovým olejem a grilujte je asi 3–4 minuty z každé strany, dokud nebudou mít stopy po grilování a nezměknou. Dejte je stranou.
e) Ve velké pánvi vhodné do trouby rozehřejte na středně vysokou teplotu trochu olivového oleje. Přidejte nakrájenou cibuli a vařte, dokud nebudou průsvitné, asi 2-3 minuty.
f) Vmíchejte prolisovaný česnek a vařte další 1-2 minuty, dokud nebude voňavý.
g) Přidejte drcená rajčata, červený vinný ocet, sušené oregano, vločky červené papriky, sůl a černý pepř. Omáčku necháme asi 10 minut provařit, aby zhoustla a rozvinula chuť.
h) Uvařené těstoviny vhoďte do pánve s omáčkou a dobře promíchejte.
i) Na směs těstovin a omáčky navrstvíme plátky grilovaného lilku.
j) Lilek a těstoviny posypte vrstvou strouhaného sýra mozzarella.
k) Pánev přendejte do předehřáté trouby a pečte asi 20–25 minut, nebo dokud sýr nezhnědne a lehce zezlátne.
l) Jakmile je pánev upečená z trouby, ozdobte ji natrhanými lístky čerstvé bazalky a parmazánem nebo pecorinem.
m) Podávejte horké, přímo z pánve.

76.Ziti a špagety s klobásou

Vyrábí: 8

SLOŽENÍ:
- 1 lb. rozdrobená italská klobása
- 1 šálek nakrájených hub
- ½ šálku celeru nakrájeného na kostičky
- 1 nakrájená cibule
- 3 nasekané stroužky česneku
- 42 oz. omáčka na špagety z obchodu nebo domácí
- Sůl a pepř na dochucení
- ½ lžičky oregana
- ½ lžičky bazalky
- 1 lb. nevařených ziti těstovin
- 1 hrnek strouhaného sýra mozzarella
- ½ šálku strouhaného parmazánu
- 3 lžíce nasekané petrželky

INSTRUKCE:
a) Na pánvi opékejte klobásu, houby, cibuli a celer po dobu 5 minut.
b) Poté přidejte česnek. Vařte další 3 minuty. Odstraňte z rovnice.
c) Přidejte omáčku na špagety, sůl, pepř, oregano a bazalku do samostatné pánve.
d) Omáčku vařte 15 minut.
e) Zatímco se omáčka vaří, připravte těstoviny na pánvi podle návodu na obalu. Vypusťte.
f) Předehřejte troubu na 350 stupňů Fahrenheita.
g) Do zapékací mísy dáme ziti, klobásovou směs a ve dvou vrstvách nastrouhanou mozzarellu.
h) Navrch posypte petrželkou a parmazánem.
i) Předehřejte troubu na 350 °F a pečte 25 minut.

TĚSTOVINY BUCATINI

77. Bucatini z jedné pánve s pórkem a citronem

Vyrábí: 4

SLOŽENÍ:
- 1 až 1 1/2 libry pórku
- 12 uncí bucatini (viz poznámky výše)
- 4 stroužky česneku, nakrájené na tenké plátky
- 1/4 až 1/2 lžičky vloček červené papriky
- 2 polévkové lžíce extra panenského olivového oleje
- Kóšer sůl
- Čerstvě namletý černý pepř
- 4 1/2 šálku vody
- Kůra z jednoho citronu
- 1/2 šálku jemně nasekané petrželky
- Parmigiano Reggiano, k podávání (volitelné)

INSTRUKCE:

a) Začněte odříznutím kořenového konce a tmavě zelené části každého pórku. Rozkrojte je podélně napůl. Chcete-li nakrájet pórek na dlouhé tenké proužky, postupujte takto: Umístěte každou polovinu řezem nahoru, poté znovu nakrájejte na polovinu a proces opakujte ještě jednou – v podstatě rozdělíte pórek na osminy. Většina proužků by měla být hezká a tenká, ale možná budete muset v případě potřeby znovu rozříznout vnější vrstvy na polovinu. Pokud je pórek špinavý, namočte ho do misky se studenou vodou, aby se špína usadila. Jakmile jsou čisté, vyjměte pórek z mísy.

b) Smíchejte pórek, těstoviny, česnek, 1/4 lžičky vloček červené papriky (upravte na preferovanou úroveň tepla), olej, 2 lžičky kóšer soli, čerstvě drcený černý pepř a vodu ve velké pánvi s rovnými stranami. zajistit, aby bucatini téměř leželo na pánvi.

c) Směs přiveďte k varu na silném ohni. Směs dusíme, těstoviny často mícháme a obracíme kleštěmi nebo vidličkou, dokud těstoviny nedosáhnou konzistence al dente a voda se téměř odpaří, což obvykle trvá asi 9 minut.

d) Přidejte citronovou kůru a petržel a promíchejte, abyste obalili.

e) Ochuťte pokrm podle chuti solí (možná budete muset přidat další 1/2 lžičky kóšer soli a více pro vaši preferovanou chuť), pepřem a dalšími vločkami červené papriky, pokud si přejete další teplo. Podávejte s parmezánem, pokud chcete.

78. Rajčatové těstoviny Burrata

Dělá: 2-4
SLOŽENÍ:
- ½ libry bucatini nebo špagetových těstovin
- 3 šálky rajčat
- 6 stroužků česneku, nasekaných
- ¼ šálku olivového oleje
- ½ lžičky sušené bazalky
- ¼ lžičky drcených chilli vloček
- 8 uncí sýra burrata
- Sůl a pepř na dochucení

NA OBLOŽENÍ
- 1 svazek Čerstvá bazalka, jemně nasekaná
- ¼ lžičky drcených chilli vloček
- 4 lžíce pražených piniových oříšků

INSTRUKCE
a) Na velké pánvi na mírném ohni rozehřejte olivový olej.
b) Přidejte česnek a vařte 1 až 2 minuty, než přidáte sušenou bazalku a chilli vločky.
c) Přidejte rajčata a orestujte je na oleji se špetkou soli a pepře.
d) Rajčata vařte dvacet až dvacet pět minut.
e) Těstoviny uvaříme ve vroucí osolené vodě.
f) Když jsou těstoviny hotové, sceďte je a ihned přidejte na pánev.
g) Směs ještě pár prohoďte, aby se těstoviny úplně obalily.
h) Sundejte pánev z plotny a přidejte čerstvou bazalku.
i) Zahrňte tolik sýra burrata, kolik chcete, na kousky.
j) Navrch dejte nasekanou čerstvou bazalku a chilli vločky.
k) Před podáváním posypte piniové oříšky.

79. Citronově bazalkové těstoviny s růžičkovou kapustou

Vyrábí: 8

SLOŽENÍ:
- 1 (1-libra) krabice dlouze krájených těstovin, jako je bucatini nebo fettuccine
- 4 unce na tenké plátky nakrájené prosciutto, natrhané
- 3 lžíce extra panenského olivového oleje
- 1 libra růžičkové kapusty, rozpůlená nebo rozčtvrcená, je-li velká
- Kosher sůl a čerstvě mletý pepř
- 2 lžíce balzamikového octa
- 1 papričky jalapeño, zbavená semínek a nakrájená
- 1 lžíce čerstvých lístků tymiánu
- 1 šálek citronovobazalkového pesta
- 4 unce kozího sýra, rozdrobeného
- ⅓ šálku strouhaného sýra Manchego
- Kůra a šťáva z 1 citronu

INSTRUKCE:

a) Předehřejte troubu na 375 °F.

b) Přiveďte k varu velký hrnec osolené vody na vysoké teplo. Přidejte těstoviny a vařte podle návodu na obalu do al dente. Nechte si 1 šálek vody na vaření těstovin, poté sceďte.

c) Mezitím na plech vyložený pečicím papírem naaranžujte prosciutto v rovnoměrné vrstvě. Pečte do křupava 8 až 10 minut.

d) Zatímco se těstoviny vaří a prosciutto peče, rozehřejte olivový olej ve velké pánvi na středním plameni. Když se olej třpytí, přidejte růžičkovou kapustu a za občasného míchání vařte 8 až 10 minut do zlatova. Dochuťte solí a pepřem. Snižte teplotu na středně nízkou a přidejte ocet, jalapeño a tymián a vařte, dokud klíčky nezesklovatí, ještě 1 až 2 minuty.

e) Pánev sundejte z plotny a přidejte scezené těstoviny, pesto, kozí sýr, manchego, citronovou kůru a citronovou šťávu. Přidejte asi ¼ šálku vody z vaření těstovin a míchejte, abyste vytvořili omáčku.

f) Přidávejte další 1 polévkovou lžíci, dokud nedosáhnete požadované konzistence. Ochutnejte a podle potřeby ještě dosolte a opepřete.

g) Těstoviny rozdělte rovnoměrně do osmi misek nebo talířů a na každý přidejte křupavé prosciutto.

80. Kukuřičné bucatini se smetanou z jednoho hrnce

Vyrábí: 6

SLOŽENÍ:
- 4 lžíce slaného másla
- 4 klasy žlutá kukuřice, jádra nakrájená z klasu
- 2 stroužky česneku, nasekané nebo nastrouhané
- 2 lžíce lístků čerstvého tymiánu
- 1 jalapeño nebo červená paprika Fresno, zbavená semínek a nakrájená na tenké plátky
- 2 zelené cibule, nakrájené
- Kosher sůl a čerstvě mletý pepř
- 1 (1-librová krabice) bucatini
- ½ šálku strouhaného parmazánu
- 2 lžíce crème fraîche
- ¼ šálku čerstvých lístků bazalky, nahrubo natrhaných

INSTRUKCE:

a) Máslo rozpustíme ve velké holandské troubě na střední teplotu. Přidejte kukuřici, česnek, tymián, jalapeño, zelenou cibulku a špetku soli a pepře. Vařte za občasného míchání, dokud kukuřice nezezlátne a na okrajích nezkaramelizuje, asi 5 minut.

b) Přidejte 4½ šálku vody, zvyšte teplotu na vysokou a přiveďte k varu. Přidejte těstoviny a dochuťte solí. Vařte za častého míchání, dokud se většina tekutiny nevstřebá a těstoviny nejsou al dente, asi 10 minut.

c) Sundejte hrnec z plotny a vmíchejte parmazán, crème fraîche a bazalku. Pokud se vám omáčka zdá příliš hustá, přidejte trochu vody, aby se zředila. Ihned podávejte.

ORZO

81. Parmazánové Orzo

Vyrábí: 6
SLOŽENÍ:
- 1/2 šálku másla, rozdělené
- česnekový prášek podle chuti
- 8 perlových cibulí
- sůl a pepř na dochucení
- 1 šálek nevařených těstovin orzo
- 1/2 šálku strouhaného parmazánu
- 1/2 šálku nakrájených čerstvých hub
- 1/4 šálku čerstvé petrželky
- 1 šálek vody
- 1/2 šálku bílého vína

INSTRUKCE:

a) Na polovině másla orestujte cibuli, dokud nezhnědne, a poté přidejte zbytek másla, houby a orzo.

b) Pokračujte ve smažení všeho po dobu 7 minut.

c) Nyní smíchejte víno a vodu a vše přiveďte k varu.

d) Jakmile se směs vaří, snižte teplotu a po přidání pepře, soli a česneku vše vařte 9 minut.

e) Jakmile je orzo hotové, posypte ho petrželkou a parmazánem.

82.Mátový salát Feta a Orzo

Vyrábí: 8
SLOŽENÍ:
- 1 1/4 šálku těstovin orzo
- 1 malá červená cibule, nakrájená na kostičky
- 6 polévkových lžic olivového oleje, rozdělených
- 1/2 šálku jemně nasekaných lístků čerstvé máty
- 3/4 C. sušená hnědá čočka, propláchnutá
- 1/2 šálku nasekaného čerstvého kopru
- sůl a pepř na dochucení
- 1/3 šálku červeného vinného octa
- 3 stroužky česneku, nasekané
- 1/2 šálku oliv Kalamata, zbavených pecek a nakrájených
- 1 1/2 šálku rozdrobeného sýra feta

INSTRUKCE:
a) Těstoviny uvaříme podle návodu na obalu.
b) Přiveďte k varu osolený velký hrnec s vodou. Vařte v ní čočku, dokud se nezačne vařit.
c) Snižte teplotu a položte ji na víko. Čočku vaříme 22 min. Vyjměte je z vody.
d) Získejte malou mísu: Smíchejte v ní olivový olej, ocet a česnek. Dobře je prošlehejte, aby vznikla zálivka.
e) Získejte velkou mixovací nádobu: Vhoďte do ní čočku, dresink, olivy, sýr feta, červenou cibuli, mátu a kopr se solí a pepřem.
f) Na salátovou mísu zabalte plastovou fólii a dejte ji do lednice na 2 h 30 min. Salát dochutíme a poté podáváme.

83. Rajčatové Orzo z jednoho hrnce

Vyrábí: 4

SLOŽENÍ:
- 1 lžíce olivového nebo řepkového oleje
- 1 červená cibule, nakrájená nadrobno
- 2 stroužky česneku, jemně nastrouhané
- 1 chilli papričku zbavená semínek a nakrájená najemno
- 600 g rajčat, nakrájených
- 400 g orzo
- 800 ml zeleninového vývaru
- Hrst petrželky, nasekané nahrubo
- Strouhaný parmazán nebo vegetariánská alternativa k podávání (volitelně)

INSTRUKCE:
a) Ve velkém hrnci nebo pánvi rozehřejte olej na střední teplotu.
b) Nakrájenou červenou cibuli restujte 4–6 minut, dokud nezměkne, ale nezezlátne.
c) Přidejte nastrouhaný česnek a nakrájenou chilli papričku a vařte další minutu, aby změkla.
d) Vmíchejte nakrájená rajčata a vařte 5 minut, dokud se nezačnou rozpadat.
e) Přidejte orzo a zalijte zeleninovým vývarem.
f) Vařte 8–10 minut, dokud se tekutina nezredukuje a orzo nezměkne. Pokud začne vysychat, můžete přidat pár lžic vody.
g) Přisypeme tři čtvrtiny nahrubo nasekané petrželky a promícháme.
h) Podávejte v miskách, přelité zbylou petrželkou a podle potřeby strouhaným parmazánem. Užijte si své rajčatové orzo z jednoho hrnce!

84. Kuřecí pánev Orzo

Počet porcí: 4 porce
SLOŽENÍ:
- 2 lžíce rostlinného oleje
- 1 libra vykostěné půlky kuřecích prsou bez kůže, nakrájené na 1/2-palcové kousky
- 1 šálek Orzo (těstoviny ve tvaru rýže)
- 2 lžičky mletého česneku
- 2 šálky vody
- 3 plechovky Dušená rajčata (každá 14 1/2 oz), neodkapaná
- 16 uncí Konzervované fazole cannellini, opláchnuté a okapané, NEBO fazole Great Northern, opláchnuté a okapané
- 1 lžička sušeného tymiánu
- 1 lžička soli
- 1/2 lžičky černého pepře
- 16 uncí růžičky mražené brokolice, rozmražené

INSTRUKCE:
a) Ve velké pánvi rozehřejte rostlinný olej na středním plameni.
b) Přidejte kuře a opékejte ho 4-6 minut.
c) Přidejte orzo a nasekaný česnek a restujte 5–7 minut, nebo dokud orzo nezačne hnědnout.
d) Vmícháme vodu, dušená rajčata, fazole, sušený tymián, sůl a černý pepř.
e) Přikryjte a za občasného míchání vařte 15 minut.
f) Přidejte brokolici, znovu přikryjte a vařte dalších 5–10 minut, nebo dokud brokolice a orzo nezměknou a kuře už není růžové.
g) Užijte si svou kuřecí Orzo pánev!

85. Orzo a Portobello kastrol

Počet porcí: 6 porcí
SLOŽENÍ:
- 1/4 šálku nakrájených sušených rajčat
- 1/4 šálku vroucí vody
- 1 lžíce olivového oleje
- 2 šálky pórku, nakrájeného na plátky
- 2 šálky žampionů Portobello, nakrájených na kostičky
- 1 šálek čerstvých hub, nakrájených na čtvrtky
- 2 stroužky česneku
- 2 šálky Orzo, vařené
- 2 šálky bulvy fenyklu, nakrájené na plátky
- 2 šálky rajčatové šťávy
- 2 lžíce čerstvých lístků bazalky, nasekaných
- 2 lžíce balzamikového octa
- 1 lžička papriky
- 1/8 lžičky pepře
- Sprej na vaření zeleniny
- 4 unce sýra Provolone, strouhaného
- 1/4 šálku strouhaného parmazánu

INSTRUKCE:
a) Smíchejte sušená rajčata a vroucí vodu v malé misce. Zakryjte a nechte je stát asi 10 minut, nebo dokud rajčata nezměknou. Vypusťte.
b) Zahřejte olivový olej na velké nepřilnavé pánvi na střední teplotu. Přidejte rajčata, pórek, houby a česnek a restujte 2 minuty.
c) Smíchejte houbovou směs, vařené orzo a dalších 6 přísad (orzo přes pepř) ve velké míse. Dát stranou.
d) Lžící vložte směs do zapékací misky o rozměrech 13 x 9 palců, která byla potažena sprejem na vaření.
e) Pečeme odkryté při 400 stupních 25 minut.
f) Kastrol posypte provolonem a parmazánem a pečte dalších 5 minut.
g) Užijte si hrnec Orzo a Portobello!

86. Orzo na jedné pánvi se špenátem a fetou

Vyrábí: 4 porce
SLOŽENÍ:
- 2 lžíce nesoleného másla
- 4 velké jarní cibulky, ořezané a nakrájené na tenké plátky
- 2 velké stroužky česneku, nasekané
- 8 uncí listů baby špenátu (8 šálků), hrubě nasekaných
- 1 lžička košer soli
- 1 3/4 šálku kuřecího nebo zeleninového vývaru s nízkým obsahem sodíku
- 1 šálek orzo
- 1 lžička jemně nastrouhané citronové kůry (z 1 citronu)
- 3/4 šálku rozdrobené fety (3 unce) plus další na ozdobu
- 1/2 šálku mraženého hrášku, rozmraženého (volitelně)
- 1 šálek nasekaného čerstvého kopru nebo použijte petržel nebo koriandr

INSTRUKCE:
a) Zahřejte 10palcovou pánev na střední teplotu, poté rozpusťte máslo, což by mělo trvat asi 30 sekund až 1 minutu.
b) Vmíchejte asi tři čtvrtiny jarní cibulky, část zelených částí si nechte na ozdobu a přidejte nasekaný česnek. Vařte do změknutí za častého míchání asi 3 minuty.
c) Vmíchejte baby špenát, přidávejte ho po dávkách, pokud se nevejde do pánve najednou, a přidejte 1/2 lžičky soli. Pokračujte ve vaření za občasného míchání, dokud špenát nezvadne, přibližně 5 minut.
d) Vmícháme vývar a přivedeme k varu. Přidejte orzo, citronovou kůru a zbývající 1/2 lžičky soli. Přikryjte a vařte na středně mírném ohni, dokud nebude orzo téměř propečené a většina tekutiny se vstřebá, což by mělo trvat 10 až 14 minut, jednou nebo dvakrát promíchejte.
e) Vmíchejte rozdrobenou fetu a podle chuti hrášek. Přidejte nasekaný kopr, poté pánev zakryjte a vařte další 1 minutu, abyste dovařili a prohřáli hrášek.
f) Pro podávání posypte dalším sýrem a rezervovanou jarní cibulkou.
g) Užijte si Orzo na jedné pánvi se špenátem a fetou!

FARFALLE/Motýlek

87. Těstoviny Rustica

Vyrábí: 4
SLOŽENÍ:
- 1 lb. farfalle (motýlek) těstoviny
- 1 (8 oz.) balíček hub, nakrájené na plátky
- 1/3 šálku olivového oleje
- 1 polévková lžíce sušeného oregana
- 1 stroužek česneku, nasekaný
- 1 lžíce papriky
- 1/4 šálku másla
- sůl a pepř na dochucení
- 2 malé cukety, nakrájené na čtvrtky a plátky
- 1 cibule, nakrájená
- 1 rajče, nakrájené

INSTRUKCE:
a) Těstoviny vařte 10 minut ve vodě a soli. Odstraňte přebytečnou tekutinu a dejte stranou.
b) Smažte sůl, pepř, česnek, papriku, cuketu, oregano, houby, cibuli a rajčata po dobu 17 minut na olivovém oleji.
c) Smíchejte zeleninu a těstoviny.

88. Kuřecí těstoviny Crème Fraiche

Vyrábí: 4

SLOŽENÍ:

- 1 polévková lžíce olivového oleje
- 6 kuřecích řízků
- ¼ šálku bílého vína
- ¼ šálku kuřecího vývaru
- Sůl a pepř na dochucení
- 8 uncí. motýlkové těstoviny
- 2 polévkové lžíce nakrájené šalotky
- 3 nasekané stroužky česneku
- 1 šálek nakrájených hub
- 2 šálky crème fraiche
- 1/3 šálku strouhaného parmazánu
- 2 lžíce nasekané petrželky

INSTRUKCE:

a) Ve velké pánvi rozehřejte olej.
b) Opékejte kuře po dobu 5 minut.
c) Zalijeme vínem a vývarem a dochutíme solí a pepřem.
d) Vařte 20 minut.
e) Zatímco se kuře dusí, vařte těstoviny v hrnci s osolenou vodou 10 minut a sceďte. Dát stranou.
f) Pomocí kleště přesuňte kuře na talíř a nakrájejte kuře.
g) Přidejte cibuli, česnek a houby na pánev a opékejte 5 minut.
h) Nakrájené kuře vraťte na pánev a vmíchejte crème fraiche.
i) Vařte 5 minut.
j) Vložte těstoviny do servírovací mísy a přelijte je omáčkou.
k) Posypeme parmazánem a nasekanou petrželkou.

89. Kuřecí menu a salát Farfalle

Vyrábí: 6
SLOŽENÍ:
- 6 vajec
- 3 zelené cibule, nakrájené na tenké plátky
- 1 (16 oz.) balení farfalle (motýlek) Těstoviny
- 1/2 červené cibule, nakrájené
- 1/2 (16 oz.) láhev Salát v italském stylu
- 6 kuřecích plátků

Obvaz
- 1 okurka, nakrájená na plátky
- 4 srdíčka římského salátu, nakrájená na tenké plátky
- 1 svazek ředkviček, oříznuté a nakrájené
- 2 mrkve, oloupané a nakrájené

INSTRUKCE:
a) Vejce dejte do velkého hrnce a zalijte vodou. Vejce vařte na středním plameni, dokud se nezačnou vařit.
b) Vypněte oheň a vejce nechte 16 minut uležet. Opláchněte vejce trochou studené vody, aby ztratila teplo.
c) Vejce oloupeme a nakrájíme na plátky a poté je dáme stranou.
d) Kuřecí plátky dejte do velkého hrnce. Zalijte je 1/4 šálku vody. Vařte je na středním plameni, dokud není kuře hotové.
e) Kuřecí plátky sceďte a nakrájejte na malé kousky.
f) Získejte velkou mixovací nádobu: Vhoďte do ní těstoviny, kuřecí maso, vejce, okurku, ředkvičky, mrkev, zelenou cibulku a červenou cibuli. Přidejte italský dresink a znovu je promíchejte.
g) Salát dejte na 1 hodinu 15 minut do lednice.
h) Na servírovací talíře položte srdíčka hlávkového salátu. Mezi ně rozdělte salát.

90.Makaronový salát z mořských plodů

Vyrábí: 12
SLOŽENÍ:
- 16 oz. těstoviny farfalle
- 3 nakrájená vejce natvrdo
- 2 nakrájené celerové tyčinky
- 6 oz., vařené malé krevety
- ½ šálku pravého krabího masa
- Sůl a pepř na dochucení

Obvaz:
- 1 hrnek majonézy
- ½ lžičky papriky
- 2 lžičky citronové šťávy

INSTRUKCE:
a) Těstoviny vařte v hrnci s vroucí osolenou vodou 10 minut. Vypusťte.
b) Přendejte těstoviny do velké mísy a vmíchejte zbývající ingredience na salát .
c) Ingredience na dresink smícháme a promícháme se salátem.
d) Přikryjte a dejte na 1 hodinu do chladničky.

91. Těstoviny s máslovým a mangoldem zapečené

Já INGREDIENCE :
- 3 šálky nevařených těstovin s motýlkem
- 2 šálky beztučného sýra ricotta
- 4 velká vejce
- 3 šálky mražené máslové dýně nakrájené na kostičky, rozmražené a rozdělené
- 1 lžička sušeného tymiánu
- 1/2 lžičky soli, rozdělená
- 1/4 lžičky mletého muškátového oříšku
- 1 šálek nahrubo nakrájené šalotky
- 1-1/2 šálku nakrájeného mangoldu, stonky odstraněné
- 2 lžíce olivového oleje
- 1-1/2 šálku panko strouhanky
- 1/3 šálku nahrubo nasekané čerstvé petrželky
- 1/4 lžičky česnekového prášku

INSTRUKCE:
a) Předehřejte troubu na 375°. Těstoviny uvařte podle návodu na obalu al dente; vypustit. Mezitím vložte ricottu, vejce, 1-1/2 šálku tykve, tymián, 1/4 lžičky soli a muškátový oříšek do kuchyňského robotu; zpracujte do hladka. Nalijte do velké mísy.
b) Vmíchejte těstoviny, šalotku, mangold a zbývající tykev. Přeneste na vymazaný 13x9-in. pekáč.
c) Ve velké pánvi rozehřejte olej na středně vysokou teplotu. Přidejte strouhanku; vaříme a mícháme do zlatova, 2-3 minuty. Vmíchejte petržel, česnekový prášek a zbývající 1/4 lžičky soli. Posypte těstovinovou směsí.
d) Pečte odkryté, dokud neztuhne a poleva nezezlátne, 30–35 minut.

LASAGNA

92.Španělské lasagne

Vyrábí: 12
SLOŽENÍ:
- 4 C. konzervovaná mletá rajčata
- 1 (32 oz.) nádoba na sýr ricotta
- 1 (7 oz.) může nakrájet zelené chilli papričky
- 4 vejce, lehce rozšlehaná
- 1 (4 oz.) může nakrájet na kostičky papričky jalapeňo
- 1 (16 oz.) balení Směs strouhaných čtyř sýrů na mexický způsob
- 1 cibule, nakrájená na kostičky
- 3 stroužky česneku, nasekané
- 1 (8 oz.) balíček nevařené lasagne těstoviny
- 10 snítek čerstvého koriandru, nasekaného
- 2 polévkové lžíce mletého kmínu
- 2 libry klobása chorizo

INSTRUKCE:
a) Vařte následující 2 minuty a poté 55 minut vařte na mírném plameni: koriandr, rajčata, kmín, zelené chilli, česnek, cibuli a jalapeňos.
b) Vezměte misku, smíchejte rozšlehaná vejce a ricottu.
c) Než budete pokračovat, nastavte troubu na 350 stupňů.
d) Smažte chorizos. Poté odstraňte přebytečný olej a maso rozdrobte.
e) Do zapékací mísy naneste lehkou vrstvu omáčky a navrstvěte: klobásu, 1/2 omáčky, 1/2 strouhaného sýra, těstoviny lasagne, ricottu, další těstoviny, veškerou zbývající omáčky a další strouhaný sýr.
f) Potřete fólií nepřilnavým sprejem a lasagne zakryjte. Vařte 30 minut zakryté a 15 minut bez pokličky.

93. Dýňové a šalvějové lasagne s fontinou

Dělá: 8 až 10
SLOŽENÍ:
- 2 čajové lžičky extra panenského olivového oleje, plus více na promaštění
- 1 (14 uncí) plechovka dýňového pyré
- 2 šálky plnotučného mléka
- 2 lžičky sušeného oregana
- 2 lžičky sušené bazalky
- ¼ lžičky čerstvě nastrouhaného muškátového oříšku
- ¼ lžičky drcených vloček červené papriky
- Kosher sůl a čerstvě mletý pepř
- 16 uncí plnotučného sýra ricotta
- 2 stroužky česneku, nastrouhané
- 1 polévková lžíce nasekaných čerstvých listů šalvěje plus 8 celých listů
- 2 lžíce nasekané čerstvé petrželky
- 1 (12 uncí) krabička nevařených lasagní
- 1 (12 uncí) sklenice pečené červené papriky, okapané a nakrájené
- 3 šálky strouhaného sýra fontina
- 1 hrnek strouhaného parmazánu
- 12 až 16 kusů feferonek nakrájených na tenké plátky (volitelně)

INSTRUKCE:

a) Předehřejte troubu na 375 °F. Vymažte zapékací mísu o velikosti 9 × 13 palců.

b) Ve střední misce rozšlehejte dýni, mléko, oregano, bazalku, muškátový oříšek, vločky červené papriky a špetku soli a pepře. V samostatné střední misce smíchejte ricottu, česnek, nasekanou šalvěj a petržel a dochuťte solí a pepřem.

c) Čtvrtinu dýňové omáčky (asi 1 hrnek) rozetřeme na dno připraveného pekáčku. Přidejte 3 nebo 4 pláty lasagní a lámejte je podle potřeby. Je v pořádku, pokud pláty zcela nepokrývají omáčku. Navrstvěte polovinu směsi ricotty, polovinu červené papriky a poté 1 šálek fontiny. Přidejte další čtvrtinu dýňové omáčky a navrch položte 3 nebo 4 lasagne. Navrstvěte zbylou směs ricotty, zbylé červené papriky, 1 šálek fontiny a poté další čtvrtinu dýňové omáčky. Přidejte zbývající těstoviny lasagne a zbývající dýňovou omáčku. Navrch posypte zbývající 1 šálek fontiny a poté parmazán. Navrch dejte feferonky (pokud používáte)

d) V malé misce vhoďte celé lístky šalvěje do 2 lžiček olivového oleje. Položte na lasagne.

e) Lasagne zakryjte alobalem a pečte 45 minut. Zvyšte teplotu na 425 °F, odstraňte fólii a pečte, dokud sýr nebude bublat, asi ještě 10 minut. Lasagne necháme 10 minut odstát. Sloužit. Veškeré zbytky skladujte v chladničce ve vzduchotěsné nádobě po dobu až 3 dnů.

94. Lasagne s naloženými těstovinami

SLOŽKA S :
- 4 šálky strouhaného sýra mozzarella
- 1 karton (15 uncí) sýr ricotta
- 1 balíček (10 uncí) mraženého nakrájeného špenátu, rozmraženého a vyždímaného do sucha
- 1 balení (12 uncí) skořápky těstovin Jumbo, uvařené a scezené
- 3-1/2 šálků omáčky na špagety
- Strouhaný parmazán, volitelně

INSTRUKCE:
a) Předehřejte troubu na 350°. Kombinujte sýry a špenát; nacpat do skořápek. Uspořádejte do vymazaného 13x9-in. pekáč. Skořápky přelijte omáčkou na špagety. Přikryjte a pečte, dokud se nezahřeje, asi 30 minut.
b) Pokud chcete, po upečení posypte parmazánem.

95. Kuřecí lasagne

Vyrábí: 6
SLOŽENÍ:
- 6 nevařených těstovin lasagne, vařené
- 1 šálek nakrájeného vařeného kuřete
- 1 polévková lžíce olivového oleje
- ½ lb nakrájených hub
- 1 nakrájená červená paprika
- 1 nakrájená malá cibule
- 3 nasekané stroužky česneku
- ¼ šálku kuřecího vývaru
- 8 oz., smetanový sýr
- ½ lžičky oregana
- Sůl a pepř na dochucení
- 2 šálky strouhaného sýra mozzarella
- 3 šálky rajčatové omáčky

INSTRUKCE:
a) Předehřejte troubu na 350 stupňů F.
b) Na pánvi rozehřejte olivový olej a 5 minut opékejte houby, papriku, cibuli a česnek.
c) Smíchejte nakrájené kuřecí maso, vývar, smetanový sýr, houby, papriku, cibuli, česnek a oregano v misce.
d) Vmíchejte 1 hrnek mozzarelly a dochuťte solí a pepřem.
e) Nalijte 1 šálek rajčatové omáčky do zapékací misky 9x13.
f) Vytvořte tři vrstvy těstovin lasagne, kuřecí směsi a rajčatové omáčky.
g) Navrch dejte zbývající šálek nastrouhaného sýra mozzarella.
h) Pečte 45 minut.

96. Jihozápadní lasagne

Vyrábí: 6

SLOŽENÍ:
- 2 polévkové lžíce olivového oleje
- 1 nakrájená cibule
- 1 ½ šálku strouhaného sýra Cheddar
- 1 polévková lžíce nasekané papričky jalapeño
- 4 nasekané stroužky česneku
- 3 šálky horké klobásy
- ½ šálku picante omáčky
- 1 lžička italského koření nebo podle chuti
- 4 šálky rajčatové omáčky
- 2 šálky strouhaného sýra Pepper Jack
- 15 kukuřičných tortill

INSTRUKCE:
a) Předehřejte troubu na 350 stupňů F.
b) Ve velké pánvi rozehřejte olivový olej.
c) Smažte česnek, jalapeño papričku a cibuli po dobu 5 minut.
d) Přidejte klobásu a okořeňte italským kořením.
e) Vmícháme rajčatovou omáčku a omáčku pikante.
f) Všechny ingredience dobře promíchejte.
g) Pánev přikryjeme a dusíme 15 minut.
h) Zapékací mísu 9x13 potřete nepřilnavým sprejem.
i) Zapékací mísu navrstvíme 1 tortillou, vrstvou klobásy a omáčky a vrstvou pepřového sýra jack.
j) Vytvořte další 2 vrstvy.
k) Na třetí vrstvu položte sýr čedar.
l) Pečte 45 minut.

97.Klasické lasagne

Vyrábí: 8
SLOŽENÍ:
- 1 1/2 libry libové mleté hovězí maso
- 2 vejce, rozšlehaná
- 1 cibule, nakrájená na kostičky
- 1-litrový částečně odtučněný sýr ricotta
- 2 stroužky česneku, mleté
- 1/2 šálku strouhaného parmazánu
- 1 polévková lžíce čerstvé bazalky nakrájené na kostičky
- 2 polévkové lžíce sušené petrželky
- 1 lžička sušeného oregana
- 1 lžička soli
- 2 polévkové lžíce hnědého cukru
- 1 lb. sýr mozzarella, strouhaný
- 1 1/2 lžičky soli
- 2 polévkové lžíce strouhaného parmazánu
- 1 (29 oz.) plechovka nakrájených rajčat
- 2 (6 uncí) plechovky rajčatového protlaku
- 12 suchých těstovin lasagne

INSTRUKCE:

a) Za stálého míchání opékejte česnek, cibuli a hovězí maso po dobu 3 minut a poté smíchejte v rajčatovém protlaku, bazalce, nakrájených rajčat, oregana, 1,5 lžičky soli a hnědého cukru.

b) Nyní nastavte troubu na 375 stupňů, než budete dělat cokoliv jiného.

c) Začněte vařit těstoviny ve vodě a soli po dobu 9 minut a poté odstraňte všechny tekutiny.

d) Vezměte misku, smíchejte 1 lžičku soli, vejce, petržel, ricottu a parmazán.

e) Třetinu těstovin dejte do kastrolu a vše naplňte polovinou sýrové směsi, jednou třetinou omáčky a 1/2 mozzarelly.

f) Pokračujte ve vrstvení, dokud nespotřebujete všechny ingredience.

g) Poté vše doplňte ještě trochou parmazánu.

h) Lasagne pečte v troubě 35 minut.

98. Pikantní lasagne

Vyrábí: 4

SLOŽENÍ:

- 1 ½ lb. rozdrobené pikantní italské klobásy
- 5 šálků omáčky na špagety z obchodu
- 1 šálek rajčatové omáčky
- 1 lžička italského koření
- ½ šálku červeného vína
- 1 polévková lžíce cukru
- 1 polévková lžíce oleje
- 5 rukavic z mletého česneku
- 1 nakrájená cibule
- 1 hrnek strouhaného sýra mozzarella
- 1 šálek strouhaného sýra provolone
- 2 šálky sýra ricotta
- 1 hrnek tvarohu
- 2 velká vejce
- ¼ šálku mléka
- 9 těstovin lasagne – předvařené ed
- ¼ šálku strouhaného parmazánu

INSTRUKCE:

a) Předehřejte troubu na 375 stupňů Fahrenheita.
b) Na pánvi opékejte nadrobenou klobásu po dobu 5 minut. Jakýkoli tuk by měl být zlikvidován.
c) Ve velkém hrnci smíchejte omáčku na těstoviny, rajčatovou omáčku, italské koření, červené víno a cukr a důkladně promíchejte.
d) V pánvi rozehřejte olivový olej. Poté 5 minut restujte česnek a cibuli.
e) Do omáčky vmícháme klobásu, česnek a cibuli.
f) Poté hrnec přikryjte a nechte 45 minut vařit.
g) V mixovací nádobě smíchejte mozzarellu a sýr provolone.
h) V samostatné misce smíchejte ricottu, tvaroh, vejce a mléko.
i) Do pekáče 9 x 13 nalijte na dno misky 12 šálků omáčky.
j) Nyní uložte lasagne, omáčku, ricottu a mozzarellu do zapékací mísy ve třech vrstvách.
k) Navrch potřete parmazánem.
l) Pečte v zakryté nádobě 30 minut.
m) Po odkrytí misky pečte ještě 15 minut.

99. Ratatouille lasagne

Dělá: 8-10
SLOŽENÍ:
- Vaječné těsto
- Extra panenský olivový olej
- 3 stroužky česneku, nakrájené
- 1 šálek (237 ml) červeného vína
- 2 (28-oz. [794-g]) plechovky rozdrcené rajčata
- 1 svazek bazalky
- Kóšer sůl
- Čerstvě mletý černý pepř
- Olivový olej
- 1 lilek, oloupaný a nakrájený na malé kostičky
- 1 zelená cuketa, nakrájená na malé kostičky
- 1 letní dýně, nakrájená na malé kostičky
- 2 rajčata, nakrájená na malé kostičky
- 4 stroužky česneku, nakrájené na plátky
- 1 červená cibule, nakrájená na tenké plátky
- Kóšer sůl
- Čerstvě mletý černý pepř
- 3 šálky (390 g) nastrouhané mozzarelly

INSTRUKCE:

a) Předehřejte troubu na 350 °F (177 °C) a přiveďte k varu velký hrnec s osolenou vodou.

b) Dva plechové pánve vysypte krupicovou moukou. Chcete-li připravit těstoviny, vyválejte těsto, dokud nebude plát silný asi 1,6 mm (1/16 palce).

c) Vyválené listy nakrájejte na 12palcové (30 cm) části a pokládejte je na plechy, dokud nebudete mít asi 20 listů. Po dávkách vložte pláty do vroucí vody a vařte, dokud nebudou měkké, asi 1 minutu. Umístěte na papírové ručníky a osušte.

d) Omáčku připravíte tak, že v hrnci na středním plameni přidáte extra panenský olivový olej, česnek a restujete asi minutu nebo dokud nebude průsvitná. Přidejte červené víno a nechte zredukovat na polovinu. Poté přidejte drcená rajčata, bazalku a sůl a pepř. Necháme na mírném plameni provařit asi 30 minut.

e) Náplň připravíte tak, že ve velké pánvi na vysoké teplotě přidáte kapku olivového oleje, lilek, cuketu, dýni, rajčata, česnek a červenou cibuli. Dochuťte solí a čerstvě mletým černým pepřem.

f) Pro sestavení umístěte omáčku na dno zapékací misky o rozměrech 9 × 13 palců (22,9 × 33 cm). Položte pláty těstovin dolů, mírně je překryjte a zakryjte dno misky. Přidejte ratatouille rovnoměrně na pláty těstovin a navrch posypte mozzarellou. Přidejte další vrstvu těstovin v opačném návodu a opakujte tyto vrstvy, dokud nedosáhnete vrcholu nebo dokud nespotřebujete veškerou náplň. Na vrchní plát rovnoměrně nalijte trochu omáčky a posypte ještě trochou mozzarelly.

g) Vložte lasagne do trouby a pečte asi 45 minut až 1 hodinu. Před krájením a podáváním nechte asi 10 minut vychladnout.

100. Pepperoni Lasagne

Vyrábí: 12
SLOŽENÍ:
- 3/4 libry mletého hovězího masa
- 1/4 lžičky mletého černého pepře
- 1/2 lb. salám, nakrájený
- 9 lasagní těstoviny
- 1/2 lb. feferonková klobása, nakrájená
- 4 C. strouhaný sýr mozzarella
- 1 cibule, nasekaná
- 2 C. tvaroh
- 2 (14,5 oz.) plechovky dušená rajčata
- 9 plátků bílého amerického sýra
- 16 oz. rajčatová omáčka
- strouhaný parmazán
- 6 uncí rajčatová pasta
- 1 lžička česnekového prášku
- 1 lžička sušeného oregana
- 1/2 lžičky soli

INSTRUKCE:
a) Smažte feferonky, hovězí maso, cibuli a salám po dobu 10 minut. Odstraňte přebytečný olej. Vložte vše do pomalého hrnce s trochou pepře, rajčatové omáčky a pasty, soli, dušených rajčat, oregana a česnekového prášku na 2 hodiny.
b) Než budete pokračovat, zapněte troubu na 350 stupňů.
c) Vařte lasagne ve slané vodě al dente po dobu 10 minut, poté veškerou vodu odstraňte.
d) Na zapékací mísu naneste lehkou vrstvu omáčky a navrstvěte: 1/3 laqsagne, 1 1/4 šálku mozzarelly, 2/3 C. tvaroh, plátky amerického sýra, 4 polévkové lžíce parmazánu, 1/3 masa. Pokračujte, dokud není miska plná.
e) Vařte 30 minut.

101. Lasagne v pomalém sporáku

Vyrábí: 8

SLOŽENÍ:
- 1 lb mletého hovězího masa
- ½ lb. rozdrobené italské pikantní klobásové maso
- 1 nakrájená cibule
- 3 nasekané stroužky česneku
- 1 šálek nakrájených hub
- 3 šálky rajčatové omáčky – domácí je dobrá a zavařená je fajn
- 1 šálek vody
- 8 uncí. rajčatová pasta
- 1 lžička italského koření
- 12 oz. lasagne připravené v troubě (ne běžné)
- 1 ¼ šálku sýra ricotta
- ½ šálku strouhaného parmazánu
- 2 šálky strouhaného sýra mozzarella
- 1 další šálek strouhaného sýra mozzarella

INSTRUKCE:
a) Hovězí maso, klobásu, cibuli, česnek a houby opékejte na velké pánvi po dobu 5 minut.
b) Vypusťte veškerý tuk.
c) Vmíchejte omáčku, vodu, rajčatový protlak, italské koření a dobře promíchejte.
d) Vařte 5 minut.
e) V misce smíchejte ricottu, parmazán a 2 šálky sýra mozzarella.
f) Vytvořte vrstvy (2 až 3) masa, omáčky, dvojité vrstvy lasagní (rozlomte je napůl) a sýrové směsi.
g) Navrch dejte 1 šálek strouhaného sýra mozzarella.
h) Vařte 4 hodiny při nízké teplotě.

ZÁVĚR

Doufáme, že jste na konci naší cesty po „Zvládněte umění vaření těstovin na pánvi" objevili nejen radosti z bezproblémového vaření, ale také zvládli umění snadno vytvářet báječné těstoviny. Vaření těstovin v jedné pánvi nabízí pohodlí minimálního čištění při maximální chuti.

Doporučujeme vám pokračovat ve zkoumání receptů na těstoviny z jedné pánve, experimentovat s novými ingrediencemi a sdílet své bezproblémové výtvory s rodinou a přáteli. Každé jídlo, které připravíte, je důkazem vašich kulinářských dovedností a vaší schopnosti zefektivnit proces vaření.

Děkujeme, že jste se k nám připojili na tomto bezproblémovém dobrodružství. Věříme, že znalosti a dovednosti, které jste získali, budou i nadále zlepšovat vaši kulinářskou cestu, takže vaření bude příjemným a efektivním zážitkem. Šťastné vaření, jedna pánev po druhé!

www.ingramcontent.com/pod-product-compliance
Lightning Source LLC
Chambersburg PA
CBHW071319110526
44591CB00010B/950